U0607544

供应链
与供应链竞争
的纵向结构与合同选择

The vertical structure and contract choice under chain
to chain competition

赵海霞　著

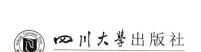

四川大学出版社
SICHUAN UNIVERSITY PRESS

责任编辑:唐　飞
责任校对:蒋　玙
封面设计:墨创文化
责任印制:王　炜

图书在版编目(CIP)数据

供应链与供应链竞争的纵向结构与合同选择 / 赵海
霞著. —成都：四川大学出版社，2018.7（2023.9 重印）
ISBN 978－7－5690－2078－6

Ⅰ.①供…　Ⅱ.①赵…　Ⅲ.①供应链－研究
Ⅳ.①F274

中国版本图书馆 CIP 数据核字（2018）第 158982 号

书名		供应链与供应链竞争的纵向结构与合同选择
		GONGYINGLIAN YU GONGYINGLIAN JINGZHENG DE
		ZONGXIANG JIEGOU YU HETONG XUANZE
著　者		赵海霞
出　版		四川大学出版社
地　址		成都市一环路南一段 24 号（610065）
发　行		四川大学出版社
书　号		ISBN 978－7－5690－2078－6
印　刷		永清县晔盛亚胶印有限公司
成品尺寸		148 mm×210 mm
印　张		7.25
字　数		192 千字
版　次		2018 年 7 月第 1 版
印　次		2023 年 9 月第 2 次印刷
定　价		48.00 元

◆读者邮购本书,请与本社发行科联系。
电话:(028)85408408/(028)85401670/
(028)85408023　邮政编码:610065
◆本社图书如有印装质量问题,请
寄回出版社调换。
◆网址:http∥press.scu.edu.cn

前　言

随着经济的全球化和科学技术的快速发展，以及市场竞争环境的复杂多变，单个企业之间的竞争已经逐渐演变为供应链间的竞争。在这种竞争环境中，企业需要进行良好的纵向结构治理，例如如何与纵向合作伙伴建立紧密和谐的协同运作关系以应对复杂多变的市场环境，提升自身供应链的竞争力。传统的供应链管理理论虽然识别了中心化结构作为协调的统一标准，但在竞争供应链环境下这一协调标准是否依然有效？竞争对这一协调标准又会产生怎样的影响呢？另外，传统的供应链管理理论表明，虽然采用合同可以改进整个供应链的绩效，但并不能确保供应链成员绩效均得到改进，更不能保证在供应链与供应链（以下简称链与链）竞争的环境中能实现上下游的双赢，特别是当制造商的生产存在生产规模的不经济时或者零售商对需求风险进行规避时。本书将应用非合作博弈的理论与方法，探索链与链竞争的纵向结构与实现上下游绩效双赢的合同选择条件，识别纵向结构和合同选择的博弈均衡特征，并分析市场竞争强度、制造商的生产规模不经济参数、零售商的风险规避态度等对合同参数设计的影响，为链与链竞争环境下的企业进行纵向结构和合同的选择提供理论依据，特别是为规模不经济企业和风险规避企业进行链与链的实践提供参考价值。

首先，本书第 1 章将介绍相关的研究背景和意义、回顾现有研究文献并进行评述，并对本书的研究结构和创新之处予以说明。本书第2章和第3章将基于链与链价格竞争/数量竞争环境，考察当制造商的生产存在规模不经济时，其如何进行纵向结构选择，且纵向结构选择的博弈均衡演化过程如何？价格/数量竞争强度、规模不经济系数对纵向结构的影响又是怎样？

其次，本书第4章和第5章将基于市场需求确定的链与链数量竞争环境，分析当制造商的生产存在规模不经济时，以分散化的批发价格合同或中心化结构为基准，识别复杂合同，如数量折扣合同、利润分享合同、两部定价合同等，改善制造商和零售商绩效的双赢机制，探索纵向合同选择的演化路径和占优均衡，并对比分析规模不经济、竞争强度对各合同选择和设计的影响与异同之处。

然后，基于对第4章和第5章研究内容的拓展，本书第6章将基于市场需求不确定环境和制造商对终端零售价格进行约束的链与链价格竞争环境，分析竞争供应链分别采用批发价格合同和固定加价合同时的绩效，分别从制造商和零售商绩效均改进的角度，以及供应链系统绩效改进的角度识别固定加价合同的占优均衡，并刻画市场波动风险、市场规模、市场份额、竞争强度、零售商预测能力及固定加价比例对博弈均衡的影响。

最后，本书第7章将基于需求不确定环境，构建两个风险中性制造商与两个排他性风险规避零售商组成的链与链价格竞争模型，以批发价格合同为基准，识别采用两部定价合同实现上下游绩效 Pareto 均改进的占优均衡特征和局限性，并进行需求风险、价格竞争和零售商的风险态度（风险规避或风险中性）对两部定价合同参数设置的敏感性分析。

本书第2章至第7章的研究内容逐层递进，由纵向控制结构选择至纵向合同选择，由需求确定环境下的纵向合同选择至需求不确定和存在风险规避型成员的合同选择。本书的大部分研究成果发表在《管理科学学报》《系统工程学报》《管理工程学报》等刊物上，具有一定的学术水准，对科研工作者特别是硕士研究生和博士研究生来讲，具有较高的参考价值。

由于作者水平有限，书中难免存在不足之处，敬请广大读者批评指正。

赵海霞

2018 年 5 月

目　录

目　录

第1章 绪 论

1.1 研究背景与意义

随着市场经济的全球化、零售终端需求的个性化和多样化，现代企业单纯依靠自身力量很难完全满足市场需求和应对市场复杂的竞争环境，企业需要和上下游企业建立良好的协同运作和共赢关系，以充分满足顾客的需要，提升自身的竞争力，因此现代企业之间的竞争已逐渐演变为整个供应链之间的竞争。1999 年，Deloitte 公司针对美国和加拿大 200 多个大型制造商和分销商的调查报告指出，航空航天、电信、汽车制造、消费类产品、高技术产品等行业存在供应链与供应链之间的竞争[1]。这种链与链间的竞争模式主要体现为供应链是中心化结构的链与链竞争，或是分散化结构时采用相同合同或不同合同的链与链竞争，或是中心化和分散化结构混合的链与链竞争。例如在快餐行业，麦当劳和肯德基采用中心化的直营模式和提供加盟条款的特许经营模式针对零售终端客户进行的价格和服务竞争，并通过培养各自的上游供应商进行的产业链竞争。在石油行业，中石化和中石油在石油开采、油气生产和采用不同的销售模式（自营、特许经营等）进行的产业链竞争。在电信行业，中国联通和中国移动对下游顾客通过降低套餐资费进行的价格竞争，与其上游内容提供商采用收

1

益分成等模型构建 3G、4G 产业链的竞争。在手机制造业，Apple 和 AT&T 关于 iPhone 手机采用收益分成的排他性协议，与其他手机生产商采用分销模式进行的竞争。在 IT 行业，戴尔的中心化直销模式和其他电脑生产商的分销模式间的竞争。

链与链竞争的重要性吸引了众多学者对其模式进行研究，但现有链与链竞争的理论研究主要集中在纵向控制结构选择方面，鲜有文献针对实现上下游双赢的合同进行研究，如 Apple 和 AT&T 关于 iPhone 手机应如何设计收益分成比例，联想应如何选择和设计分销合同等。因为从企业长远发展来看，要提高其所在供应链成员间的协同运作水平和整条供应链的竞争力，势必要与其合作伙伴进行紧密合作，而紧密合作的本质动力就来自绩效的改进，也即在保证自身绩效改进的同时，也要实现其合作伙伴的绩效改进。例如丰田与其关键供应商一直保持着长期的紧密的合作关系，并通过知识分享、帮助供应商改进成本等方式实现供需双赢。而通用等美国汽车生产商在早期则与其供应商保持着相对敌对的关系，并不考虑供应商是否能实现绩效的改进，而是一味追求自身利益的最大化。这也是早期丰田等日系汽车在美国汽车市场不断扩张和提升竞争力的重要原因之一。虽然从表面上看，丰田和通用是企业之间的竞争，但实际上是丰田和通用与其各自供应商组成的整个供应链间的竞争。因此，在链与链竞争环境中，应如何选择纵向合同进行上下游间的纵向博弈，并使得上下游企业能在竞争环境下达成共赢？又如何与竞争对手供应链进行横向竞争？有效的双赢机制是提升供应链竞争力的重要前提。

与此同时，已有的链与链竞争研究主要集中在纵向控制结构选择，但没有考虑规模不经济对纵向控制结构和合同选择的影响。规模不经济（即因设备技术落后、管理能力或创新能力不足等引起的单位产品的生产成本随产量的增加而增加）是企业在经营管理过程中常会发生的现象，如 1973 年美国纽约证券交易所

74 个上市公司（包括 McDonald，Intel，Marriott 等不同行业的公司）的生产经营均存在规模不经济现象[2]。如果企业在生产经营过程中出现了规模不经济、零售终端出现需求波动风险，以及其合作伙伴对需求风险进行规避时，应如何选择纵向控制结构，如何引入及何时引入纵向合同？规模不经济、横向外部竞争、市场需求波动风险及合作伙伴对风险的规避态度又怎样影响纵向结构和合同的选择及设计？

另外，传统的供应链合同理论研究主要集中在供应链协调方面，如 Jeuland 和 Shugan[3]，Moorthy[4]，Bernstein 和 Federgruen[5] 等，因为采用简单的批发价格合同进行定价往往会导致双重加价现象，进而使得供应链上下游企业各自寻求自身利益的最大化，并导致供应链整体绩效损失，即小于供应链中心化的最优绩效[6]。但采用合同的供应链协调并不一定能保证供需双方均实现 Pareto 改进。因此，本书将首先考虑链与链竞争环境下实现上下游绩效改进双赢的合同机制设计；其次，验证竞争供应链环境下供应链协调理论的适应性。

正是基于供应链实践和理论研究的需要，本书将运用博弈论思想、企业运作管理知识等构建链与链竞争（价格竞争和数量竞争）模型，一方面，识别制造商的生产存在规模不经济时纵向结构选择的博弈均衡；另一方面，以分散化的批发价格合同为基准，考察采用纵向复杂合同（如数量折扣合同、两部定价合同、利润分享合同、固定加价合同）后，制造商和零售商的绩效、供应链系统绩效均得到 Pareto 改进的条件和合同参数设置的可行均衡区域，识别合同选择演变的路径，并分析规模不经济因子、需求波动风险、零售商对风险规避的因子以及竞争因子等对均衡可行范围的影响，为企业（特别是生产存在规模不经济的企业或者对市场需求波动风险进行规避的企业）实现长期良好的供应链协同运作和发展提供参考价值和实践基础，也拓展了现有竞争供应链领域的研究，弥补了竞争供应链环境中规模不经济企业和风险规避型企业在纵向结构与合同选择方面的不足。

1.2 相关文献综述

与本书相关的文献研究主要包括链与链竞争方面的研究、实现供应链绩效改进的纵向合同研究、企业生产存在规模不经济方面的研究及风险规避类方面的研究，相关的文献综述分别如下1.2.1节至1.2.4节所示。

1.2.1 链与链竞争方面的研究

关于链与链竞争方面的研究主要包括三个方面，即链与链竞争的控制结构选择、链与链竞争的纵向信息分享，以及链与链竞争的纵向协调和纵向合同选择。

1.2.1.1 链与链竞争的控制结构选择

McGuire & Staelin[7]最早基于需求确定环境下两个制造商对应两个排他性零售商的竞争供应链模型，研究了不同控制结构下的供应链成员绩效，分析了制造商角度和系统角度的占优纵向结构，并发现当产品替代性低时，每个制造商都愿意采用公司自营渠道；而当产品竞争很激烈时，制造商更喜欢分散化的渠道分销系统。但该研究未考虑生产成本对纵向控制结构选择的影响。

Coughlan[8]将McGuire & Staelin[7]的模型拓展到一般的需求函数，并将得到的均衡和McGuire & Staelin[7]的结论应用于半导体产业。Moorthy[9]基于竞争供应链模型，考察战略互动对制造商渠道结构决策的影响。结果表明，实施分散化策略在于需求的依赖性和战略的依赖性间的耦合关系，而不在于两个产品的替代性。Tridedi[10]研究了两个竞争性制造商和两个竞争性零售商构成的三种渠道均衡结构（即均为中心化或均为分散化的链与链竞争结构，以及一个制造商对应两个零售商的交叉竞争供应链）。Wu & Petruzzi[11]研究了需求不确定、生产成本和产品替代性对竞争渠道均衡结构的影响。艾兴政等[12-13]分析了讨价还价能力差异对竞争供应链占优结构的影响，以及需求不确定环境下市场风险、产品竞争强度对供应链纵向控制结构绩效的影响，得到了纵向控制结构的演变过程。Xiao & Yang[14]基于两个风险中性供应链对应两个排他性风险规避零售商构成的链与链价格和服务竞争模型，分析了风险规避系数、需求不确定因子、服务投资效率等对供应链成员最优决策的影响。虽然该研究考虑了风险规避因素，但并没有研究改进供应链成员绩效的合同设计。李娟、黄培清等[15]针对链与链的品牌竞争模型，分析了不同库存管理模式对供应链各方绩效的影响。廖涛、艾兴政等[16-17]识别了价格竞争、服务竞争以及高中低成本差异的竞争供应链纵向结构均衡特征。Wu & Baron 等[18]基于纳什议价博弈模型，考虑了需求不确定及单阶段或多阶段的链与链竞争均衡。

Atkins& Liang[19]针对 McGuire & Staelin 和 Cachon[20]的研究进行了拓展，构建了含有竞争强度和规模（不）经济因素的供应商外包零售和零售商外包供应两种模型，并分析竞争强度和规模（不）经济对外包政策的影响。研究发现：①即使存在供应链规模不经济，影响外包决策的主要因素还是由竞争供应链的横向竞争强度决定；②规模经济会促使零售商外包供应这样一个决策在很大程度上依赖于产品完全替代；③当供应链中存在规模不经济及横向竞争足够激烈时，两条竞争供应链均采用分散化的结构是唯一的均衡。陈兆波、滕春贤等[21]基于多条结构异质的竞争供应链模型，考虑企业生产工序和内部资源情形下的竞争均衡模型，并采用算例分析了模型的有效性。Wu[22]讨论了基于价格竞争和促销努力水平的链与链纳什议价博弈模型，且得到当价格和促销努力依赖于需求时，制造商主导的供应链和中心化供应链战略是纳什议价合同中的一个特殊情形。

以上这类文献主要通过得到供应链成员或系统的绩效来识别供应链竞争的均衡和占优控制结构，但未基于制造商生产规模不经济的链与链价格/数量竞争的环境来识别纵向结构选择的博弈均衡特征和演化过程，也未对链与链竞争的纵向合同选择进行研究。

1.2.2.2　链与链竞争的纵向信息分享

Ha & Tong[23]研究了竞争性供应链分别采用菜单合同和线性价格合同时是否进行纵向信息分享的投资。结论表明，当采用菜单合同时，不进行信息分享，则会降低销量；若信息分享投资成本很低时，进行信息分享是一种占优策略。对于线性价格合同，则不管投资成本如何，不对信息分享投资是占优策略。本书与该文的区别在于，本书虽然考虑了合同，但本书的合同引入主要是为了改进上下游双方的绩效，而该文主要考虑的是采用菜单合同和线性价格合同时有无必要进行信息分享的投资。

Xiao & Yang[24]构建了一条含有信息披露机制的一个制造商对应一个零售商的供应链和一条中心化的竞争供应链，探索了制造商如何设计信息披露机制，以及信息分享如何影响这个机制。结论表明，战略交互作用在风险敏感因子对零售商订货量的影响中发挥了重要作用，当制造商的风险成本共担比例非常高（低）时，零售商风险规避度高时的最优批发价格高（低）于风险规避度低时的最优批发价格。本书与该文均考虑了零售商的风险规避特性，但该文主要研究的是竞争供应链的信息披露机制，而本书主要考虑的是绩效改进的合同设计。

Ha & Tong[25]基于制造商规模不经济的链与链竞争模型，考察纵向信息分享时规模不经济、竞争强度和信息精度对供应链绩效的影响。研究发现，当供应链间的竞争为数量竞争时，若企业生产规模不经济较严重，或者横向竞争较弱或至少一个零售商的信息不是很精确时，纵向信息分享会使供应链受益；如果需求信息比较精确或生产规模不经济很弱，则纵向信息分享会使供应链绩效恶化。在价格竞争模型下，若规模不经济较严重，或者竞争较弱，或者信息精度很高时，供应链会从纵向信息分享中受益。虽然本书也考虑了制造商的生产存在规模不经济的现象，但本书主要考察的是规模不经济或风险规避因子对竞争供应链纵向合同选择的影响，并从供应链绩效改进的角度识别合同选择的占优均衡，未考虑纵向信息的分享。

Ai & Chen[26]计算了两条竞争性供应链均采用不分享市场需求预测信息的批发价格合同、均采分享市场需求预测信息的利润分享合同、仅有一条采用分享市场需求预测信息的利润分享三种情形的绩效，分析了产品竞争强度、价格风险和联盟比例等对信息分享和利润分享合同选择的影响。本书与该文均考虑了采用其他合同比批发价格合同能改进供应链上下游双方绩效的条件，但该文没有考虑制造商的规模不经济效应或者零售商对风险的态度。

1.2.2.3　链与链竞争的纵向协调和纵向合同选择

Boyaci & Gallego[1]考察了服务水平和库存成本对竞争性供应链是否实行纵向协调（两条供应链均未协调、两条供应链均协调、一条供应链协调而另外一条供应链没协调三种情形）的影响。研究发现，协调对两条供应链来讲都是占优策略，但就如囚徒困境一样，均协调比不协调时的供应链绩效常会降低，不过顾客总能从协调中获益。鲁其辉、朱道立[27]分析了两条质量和价格竞争供应链均协调、均不协调和仅有一条供应链协调的模型，发现均采用协调策略后，所有供应链利润有可能都小于不协调时

的利润，即存在囚徒困境，但顾客总能受益。该结论与
Boyaci & Gallego[1]基于服务竞争和库存竞争的结论类似。但这
两篇文献均未引入合同，而本书则以批发价格合同为基准，考察
采用数量折扣合同、利润分享合同、两部定价合同等改进供应链
上下游绩效的边界条件，并识别了双赢的合同演变路径。

徐兵、朱道立[28]建立了两条竞争供应链的超网络结构，对
实现竞争供应链链内协调的利润分享合同进行了研究，并进行了
数值分析。数值分析结果表明，协调可以提高供应链的运作效
率，但可能出现囚徒困境现象。徐兵、孙刚[29]针对两条分别由
单生产商单零售商组成的供应链模型，以供应链中心化为协调标
准，针对两条供应链均为分散式供应链、均为集中式供应链、一
条为分散式供应链一条为集中式供应链三种情形，采用线性补贴
合同和利润共享合同进行链内协调机制的设计，并进行了数值分
析。数值分析结果表明，协调是供应链竞争时的占优策略，但两
条供应链均协调时的绩效比均未协调时的绩效差。这两篇文献与
Boyaci & Gallego[2]和鲁其辉、朱道立[27]的研究较为相似，不同
之处在于这两篇文献均考虑了具体的合同。本书与这两篇文献的
区别在于本书并未直接考虑供应链协调，且考虑了制造商规模不
经济因素或零售商的风险规避特性，并以批发价格合同为基准，
考虑采用其他复杂合同（如两部定价合同、数量折扣合同、利润
分享合同、固定加价合同）实现供应链 Pareto 绩效改进的条件，
即分别分析了两条供应链均采用批发价格合同、均采用其他复杂
合同、仅有一条供应链采用批发价格合同三种情形，并识别了采
用复杂合同使供应链上下游成员绩效同时得到改进的边界条件和
占优均衡。

另外，艾兴政等[30,32]、Ai 等[31]考察了需求不确定时链与链
竞争的充分退货政策，以及需求不确定环境下竞争、价格风险等
对纵向联盟和利润分享合同选择的影响，识别了市场信息共享与

纵向决策控制的有效匹配。Chen[33]等研究了两条竞争供应链间为纳什博弈或斯塔克伯格博弈的顾客退货策略。Wu[34]基于竞争供应链框架，研究了纵向整合时采用回购合同、纵向整合时不采用回购合同、制造商主导型供应链采用回购合同和不采用回购合同四种情形。结果表明，在这四种情形中，回购比不回购会给供应链创造更高的利润，而且供应链成员的利润和供应链整体的利润都会随链与链的竞争强度加剧而增加。这些文献均未研究制造商的规模不经济因素以及零售商具有风险规避型态度等对实现制造商和零售商双赢的合同设计的影响。

Li 等[35]基于需求确定环境下两个制造商共用两个零售商、两个制造商分别有其排他性零售商的两种竞争供应链模型，比较了制造商分别提供数量折扣合同和批发价格合同时的结果，探讨了供应链结构和竞争对利润和合同选择的影响。结果表明，当共用零售商时，若制造商间的竞争强度超过一定值，则制造商的均衡选择合同从数量折扣合同变为批发价格合同。相反，当每个制造商有其独立的零售商时，不管制造商间的竞争强度和零售商间的竞争强度如何，数量折扣合同都是占优策略和唯一的纳什均衡。此篇文献与本书的区别在于：①此篇文献仅考虑了确定的需求环境，而本书考虑了制造商规模不经济的需求确定环境和零售商风险规避的需求不确定环境；②此篇文献既考虑了制造商间的竞争，又考虑了零售终端的竞争，而本书仅考虑了零售商间的价格竞争或数量竞争，但本书的竞争效应由零售终端逐步向上游传导；③此篇文献分别从制造商的角度和零售商的角度选择合同，而本书则是从制造商和零售商双赢的角度设计合同，并识别规模不经济、需求风险和风险规避因子对合同选择的影响。

综上可以看出，以上所有文献均没有基于制造商的生产存在规模不经济和两条供应链间存在价格竞争/数量竞争研究纵向控制结构的选择，也没有基于零售商的风险规避态度和链间的价格竞争环境，以批发价格合同为基准，探索两部定价合同、数量折扣合同、利润分享合同、固定加价合同等改善供应链成员绩效的机制设计，识别规模不经济因子、风险规避因子、市场竞争强度、市场需求风险等对合同设计和选择的影响。本书将对这些问题逐一研究。

1.2.2　实现供应链绩效改进的纵向合同研究

采用批发价格合同的供应链往往会产生双重边际效应，Spengler[3]发现在没有竞争的环境下，分散化结构必然导致次优的绩效，其根源在于各方寻求自身利益的双重加价行为扭曲了中心化供应链系统的最优行为，从而导致中心化供应链结构绩效作为分散化供应链协调合同的基准。而两部定价合同、利润分享合同、数量折扣合同等往往被用来协调和改进整个供应链的绩效。Cachon[36]对这类文献进行了全面的回顾，并且通过设计数量折扣、两部定价、利润分享、数量柔性等合同的参数可以实现供应链的协调，使分散化结构的绩效能够达到中心化水平。

关于采用数量折扣合同进行协调的文献有：Jeuland & shugan[3]表明供应链协调可使各成员获得更多利润，如可以采用数量折扣合同进行协调。Monahan[37]从供应商的角度考虑单一分销商采用数量折扣合同，其结论表明数量折扣足够大时可增加供应商的净利润。Weng[38]针对一个供应商和一群同质买方的供应链系统，研究联合决策（同时采用数量折扣和授权费）对渠道协调的影响。结果表明，最优的全部单位数量折扣策略和最优的增量数量折扣策略在渠道协调时效果一样；同时当需求受价格影响时，单独采用数量折扣合同不能充分保证渠道协调，而联合使用数量折扣和授权费用则可实现渠道协调。Ingene & Parry[39]研究了一个制造商和两个相互竞争的零售商的两部定价和数量折扣协调模型。结果表明，数量折扣合同可以协调供应链，但两部定价合同不能，除非零售商同质或者不存在竞争。Khouja[40-44]针对报童模型，采用多种折扣策略处理过剩库存，并实现供需双方的协调进行了一系列研究。Lin & Kroll[45]讨论了全量折扣和增量折扣合同的单产品报童模型。Munson & Rosenblatt[46]研究了的数量折扣合同在三级供应链中的协调。马祖军[48]讨论了供需双方进行合作博弈下的数量折扣定价模型。

关于采用两部定价合同进行协调的文献有：Lal[48]研究了授权合同改进渠道协调的问题。Ha[49]针对一个供应商和一个买方关于短周期产品的经典报童模型，研究需求不确定、买方生产成本信息不对称时的供应商利润最大的合同设计问题。结果表明，当供应商完全拥有买方的边际成本信息时，实施两部定价或回购策略等可以实现协调。而当上游供应商无法得知下游买方的生产成本信息时，通过采用非线性价格策略可实现上下游双方的协调。Moorthy[5]拓展了 Jeuland & shugan[3]的研究成果，并表示两部定价合同也可以协调供应链。Ingene & Parry[50]研究了一个制造商对应多个竞争性零售商的两部定价渠道协调问题。Ingene & Parry[51]研究了一个制造商对应两个竞争性零售商的两部定价渠道协调问题。

关于采用利润分享合同进行协调的文献有：Cachon & Lariviere[52]讨论了报童模型下利润分享合同在协调供应链方面的优点和不足（与回购合同、数量柔性合同、授权合同、数量折扣合同等进行对比）。Giannoccaro & Pontrandolfo[53]针对三阶段供应链的利润分享协调进行了研究。Wang 等[54]研究了基于利润分享的寄售合同（零售商决定利润分享比例，供应商拥有产品的所有权，能决定零售终端价格和配送数量），发现渠道利润和供应链成员的利润严重依赖于需求价格弹性和零售商对渠道成本的分担比例，特别是渠道利润小于中心化情形时的利润。Gerchak 等[55]指出利润分享合同和授权费的结合策略可协调供应链。Xiao 等[56]构建了一个制造商对应一个零售商的动态博弈模型，研究如何采用利润分享契约来协调含有质量担保的供应链。Mafakheri & Nasiri[57]则研究了逆向物流中的利润分享合同协调机制。

关于采用退货合同等进行协调的文献有：Pasternack[58]研究了报童模型下如何采用回购策略实现渠道协调。之后，众多学者对该文献进行了拓展研究，如 Kandel[59]，Padmanabhan & Png[60]，Emmons & Gilbert[61]拓展到价格敏感的需求函数。Donohue[62]考虑了时尚周期产品的两种生产模式下的退货和协调。Taylor[63]考虑了批发价格保护下的退货政策、生命周期的中期部分退货政策和最后的可全部退货政策情形的协调。Tsay[64]研究了随机需求环境下采用数量柔性合同的供应链协调。

但是，即使协调也并不能保证供应链各成员均能获得 Pareto 改进。Koulamas[65]基于一个制造商对应一个零售商的报童模型，分析采用完全消除纵向双重加价行为的利润分享合同的各方绩效。结果表明，零售商总能从中受益，而制造商却不一定。Yao 等[66]针对一个制造商和两个竞争性零售商构成的供应链模型采用利润分享合同进行协调，发现在合同中采用利润分享比单一的批发价格更能改进供应链绩效，但它并不能实现制造商和零售商绩效均改进的双赢。Yao 等[67]基于报童模型，采用利润分享合同进行协调，通过数值分析发现，采用利润分享合同可以获得比批发价格合同更好的绩效，但供应链成员各方获得的改进程度不一样，即制造商的绩效改进明显，而零售商的绩效会降低。Cachon & Kok[68]研究两个竞争性的制造商对应一个零售商的模型中发现，采用两部定价合同和数量折扣合同比批发价格合同使得两个制造商之间的竞争更加激烈，而且这种竞争可能有损制造商的利润，却能使零售商受益。Pan 等[69]针对两个制造商对应一个零售商的制造商主导或者零售商主导的供应链模型、一个制造商对应两个零售商的制造商主导或者零售商主导的供应链模型四种情形，考察采用利润分享合同是否对制造商有益或零售商有利，但并未从制造商和零售商均有利的角度考察利润分享合同。Raju & Zhang[70]研究了零售商占主导地位的供应链协调，发现可以通过数量折扣合同或者两部定价合同实现渠道协调，但制造商并不总能从中受益。

也有一些学者讨论了能使上下游双方绩效均得到 Pareto 改进的合同。Lee & Rosenblatt[71]把 Monahan[37]的模型推广到供应商批量决策、库存占用成本、固定成本情形，并讨论了线形折扣问题，发现供需双方都能受益。Iyer & Bergen[72]针对服装行业采用快速响应机制的供应链模型，分析采用快速响应机制是否能实现供应链成员绩效改进，并发现采用数量折扣和非线性价格承诺能实现上下游双方的绩效改进。邵晓峰等[73]研究了采用非合作博弈可能导致供需双方无法达到最优的绩效，然后考虑了供需双方合作博弈下的价格折扣设计问题，发现折扣模型能使供应链绩效得到改进，并使供需双方达到双赢。Taylor[74]发现当需求不受促销努力的影响时，适当的目标减免折扣策略能协调渠道，并使上下游实现双赢；而当需求受零售商的促销努力影响时，设置合适的目标减免折扣策略和退货策略也能协调供应链，并实现双赢。孙会君、高自友[75]构建了采用数量折扣合同时最优订货策略的双层规划模型，算例分析发现，采用合适的数量折扣策略，供需双方可以实现绩效改进。谢庆华、黄培清[76]基于一个制造商既有传统零售商渠道，又有网上销售渠道的双渠道结构，构建了渠道协调的数量折扣博弈模型，并发现当数量折扣适当时，制造商和零售商均能实现绩效改进的双赢。

Tassy[77]分析了降低零售价格时进行价格保护、中期退还、期终退货政策。结果表明，当零售价格下降时，如果设置合适的批发价格和退还折扣，则中期退还与期终退还均可实现渠道协调。但该协调策略不具有可执行性，因为制造商在渠道协调中的绩效恶化了。如果实施价格保护与中期退货和期终退货组合策略，则既可保证渠道协调，又可保证制造商与零售商的双赢。

Gerchak & Wang[78]基于多个供应商和一个组装商构成的供应链模型，发现采用与 VMI 结合的利润分享合同可使组装商实现渠道协调，并增加各成员的利润。Luo & Çakanyildirim[79]研究了一个供应商和一个零售商的 VMI 系统，分析了中心化系统、分散化系统采用批发价格合同的低效率和采用利润分享合同实现改进绩效改进的三种情形，发现采用利润分享合同后，供应商和零售商的绩效均得到了 Pareto 改进。Van & Venugopal[80]研究了一个制片商与一个租赁商采用利润分享合同改进上下游双方的绩效。Pasternack[81]研究部分产品采用批发价格合同、部分产品采用利润分享合同的组合契约发现，此时制造商和零售商的收益均得到改进。Cai[82]针对四种供应链结构：一个供应商和一个零售商组成的零售渠道、直销渠道、传统零售商渠道和直销渠道组成的双渠道，以及一个供应商对应两个竞争零售商的渠道结构，分析了增加渠道时 Pareto 改进情况和采用利润分享合同协调时供应商和零售商实现 Pareto 改进的双赢区间。Xu 等[83]针对双渠道中采用利润分享合约达成协调进行了研究，该文献同时考虑了两种利润分享合同：一种为制造商分享零售商收益的一部分；另一种为零售商分享制造商直销渠道的部分收益。结果表明，同时考虑这两种利润分享契约不仅协调了双渠道，而且保证了制造商和零售商均能实现双赢。

这类文献虽然考虑了制造商和零售商的双赢，但并未基于链与链的竞争环境进行考察，同时本书还考虑了制造商的规模不经济因素、零售商的风险规避因子等对实现上下游双赢的合同设计的影响。

1.2.3　企业生产存在规模不经济方面的研究

规模不经济（即因设备技术落后、管理能力或创新能力不足等引起的单位产品的生产成本随产量的增加而增加）是企业在经营管理过程中常会发生的现象。Mollick[84]针对日本汽车产业1985年1月份到1994年12月份九类交通工具（从自行车到大型公共汽车）的生产数据进行分析得出，有六类交通工具的边际成本递增。Griffin[85]针对1968年美国炼油产业每天954万桶的产出数据，采用过程分析方法对单产品和关联产品两种情形进行分析，得出石油冶炼的边际成本递增。Bairam[2]分析了1973年美国纽约证券交易所74个上市公司（包括McDonald，Intel，Marriott等不同行业的公司）的生产成本等数据，得知这些上市公司的生产经营均存在规模不经济现象。

而关于规模不经济的文献主要集中在企业组织规模不经济的实证研究方面。Banker & Kemerer[86]采用实证方法研究了新软件产品发展的组织规模经济和不经济。Zenger[87]通过实证研究方法考察了研发部门所提供的就业合同与组织规模不经济的关系，并得出小规模组织比大规模组织在解决委托代理问题及提供就业合同方面更有效。Dixon[88]研究了存在规模不经济时寡头垄断企业进军技术相关市场的动力。结果表明，由规模不经济导致的生产低效率与从进军技术相关市场引起的竞争效应中获得的福利相抵消。Alvarez & Arias[89]通过实证研究分析得出在增加乳牛场数量的同时，保证管理能力不变将导致规模不经济的产生。

但较少以规模不经济的生产成本形式在运作领域进行研究。Eichenbaum[90]则刻画了制造商规模不经济的生产成本形式，并对生产水平平滑模型和生产成本平滑模型进行了实证研究。Ha & Tong[25]考察了需求不确定环境下制造商的规模不经济、链与链之间的竞争强度及零售商的预测能力对竞争供应链采用纵向信息共享的影响。Wang & Seidmann[91]分析了生产存在规模不经济的供应商采用 EDI 所带来的正外部性和负外部性。Anand & Mendelson[92]研究了需求不确定环境下生产规模不经济企业面临多需求市场时采用不同的协调结构对企业绩效的影响。但这类文献并未联合考察竞争供应链间的竞争强度和制造商的规模不经济如何影响纵向合同改善供应链各成员的绩效，并识别合同选择的博弈均衡特征。

Atkins& Liang[19]针对 McGuire & Staelin[7] 和 Cachon & Harker[20]两篇文献进行了拓展，构建了含有竞争强度和规模（不）经济因素的供应商外包零售商和零售商外包供应两种模型，并分析了竞争强度和规模（不）经济对外包政策的影响。研究发现：①即使供应链存在规模不经济，影响外包决策的主要因素还是由竞争供应链的横向竞争强度决定；②规模经济会促使零售商外包供应这样一个决策在很大程度上依赖于产品完全替代；③当供应链中存在规模不经济及横向竞争足够激烈时，两条竞争供应链均采用分散化的结构是唯一的均衡。虽然这篇文献同时考虑了规模不经济和竞争强度两个因素，但一方面未识别链与链竞争和规模不经济环境下纵向控制结构选择的博弈均衡演化过程；另一方面，也未考虑采用两部定价合同、数量折扣合同、利润分享合同等改进供应链成员绩效的情形，更没有识别上下游实现双赢的合同设计机制和最后的博弈演化均衡。

1.2.4 风险规避类方面的研究

在对供应链管理的研究中，大部分文献都假定决策者为风险中性。但在实际运作中，供应链面临着顾客需求的多变性、市场竞争环境的复杂性，信息技术的快速更新等使得决策主体不得不考虑到市场需求的不确定，所以决策主体对风险往往具有规避性。风险规避者会最大化其效用，而不是其预期利润。一般情况下，其效用函数是其预期利润函数的增函数，是风险规避因子和需求波动风险的减函数（Holmstrom & Milgrom[93]；Gan 等[94]）。风险规避的文献研究主要集中于含风险规避型成员的供应链协调问题。

Gan 等最早明确提出了含有风险规避成员的供应链协调概念，并给出系统化的描述。Gan 等[95]提出了决策者为危险规避时的供应链协调，即能实现 Pareto 绩效最优，但得到的绩效不低于保留的绩效，采用均值方差等刻画风险规避因子的方法得到供应链协调参数的设计。Gan 等[94]进一步针对一个风险中性供应链和一个风险规避零售商构成的供应链，考虑如何设计供应合同来进行纵向协调。结果表明，标准的回购合同和利润分享合同均不能协调该供应链，采用风险共担合同可以实现协调。Lau & Lau[96]针对风险规避型供应商和风险规避型零售商的供应链模型，采用均值方差函数刻画其效用，得到采用回购合同的最优批发价格和回购价。结果表明，最优回购价格依赖于供应商和零售商对风险的态度，且制造商可以通过制订有效的回购价格获得更大的利润。Agrawal & Sechadri[97]针对需求依赖价格的单周期报童模型，分析了一个供应商对应一个风险规避型零售商或多个风险规避型零售商时的最优订货量和零售价格，并通过引入一个风险中性的分销商来给零售商设计有效的合同，以解决零售商风险规避导致的低订货量问题，进行相应的风险分担。在此基础上，Agrawal & Sechadri[98]基于报童模型，研究了风险规避型零售商的最优订购量和零售价格，发现当零售价格影响需求的规模时，风险规避型零售商比风险中性零售商选择的销售价格高，而订货量低；但当零售价格仅影响需求的地理分布时，规避型零售商会选择较低的零售价格。Tsay[99]采用均值方差函数，分析了风险规避系数如何影响制造商和零售商的关系，以及对退货政策的影响。沈厚才等[100]讨论了风险规避的按单制造企业所面临的定制采购决策问题，并分析了风险规避程度、部件需求不确定性等对最优采购决策的影响。

索寒生、储洪胜等[101]和 Wang & Webster[102]等采用效用函数刻画风险规避因子，研究了一个损失厌恶的零售商和风险中性的供应商（制造商）组成的供应链关于回购契约、利润共享合约和数量折扣契约的协调问题。叶飞[103]采用均值方差效用函数分析了风险中性供应商和风险规避零售商构成的两级供应链的回购合同，并指出风险规避零售商希望供应商给予较低的批发价格，而宁愿让供应商获取较大的供应链销售收入份额。姚忠[104]基于一个供应商对应一个风险规避型零售商的供应链报童模型，分析了退货合同的协调性。通过数值分析表明，零售商风险规避使得零售商和其供应商的利润都降低了，且退货合同的协调性也弱化了。叶飞[105]构建了一个风险规避型供应商和一个风险规避型零售商的供应链模型，讨论了分散化和中心化时的供应链决策行为，分析了风险规避因子对两种决策行为的影响，并采用利润分享合同进行供应链的协调。

以上这些文献虽然考虑了零售商的风险规避特性，但并未基于链与链的竞争环境识别同时改进上下游双方绩效的两部定价合同、利润分享合同、数量折扣合同设计。Xiao & Yang[14]虽然考虑了链与链竞争环境下零售商的风险规避系数等对供应链成员最优决策的影响，但并没有研究改进供应链成员绩效的合同设计。

1.2.5 本书的研究问题

基于现有理论文献研究的不足，本书将研究以下一些问题：

（1）基于链与链价格竞争和数量竞争的环境，以及考虑分散化链中批发价格合同可被竞争对手观测与不可被竞争对手观测两种情形，分别考察制造商的生产存在规模不经济时，竞争供应链的纵向控制结构选择，从制造商绩效改进的角度和供应链系统绩效改进的角度识别纵向控制结构的动态演变过程及最终均衡结构，并将针对价格竞争模型中分散化链中批发价格合同可被观测与不可被观测的纵向结构选择，以及价格竞争环境和数量竞争环境的纵向结构选择分别进行对比研究，为链与链竞争环境下的规模不经济企业提供渠道结构选择的决策支持依据。

（2）基于制造商的生产存在规模不经济和零售市场需求确定时的链与链数量竞争模型，以批发价格为基准，分析采用数量折扣合同、纵向联盟的利润分享机制、两部定价合同改善制造商和零售商绩效的合同选择与设计，然后基于需求不确定和零售商风险规避的链与链价格竞争环境，从制造商绩效制造商和零售商同时双赢的角度分别研究固定加价合同和两部定价合同优于批发价格合同的边界条件和合同设计机制，识别以上各种环境中各种纵向合同在改善供应链绩效方面的差异性，以及纵向合同选择的博弈均衡特征、演变的路径和局限性，并分析规模不经济效应系数、横向竞争强度（数量竞争/价格竞争）、需求风险、零售商的风险规避因子等对纵向合同选择的影响，为链与链竞争环境下的纵向治理提供理论支撑和借鉴价值。

1.3 研究内容与结构安排

1.3.1 研究内容

基于上述研究问题，本书的具体研究内容如下。

第1章：绪论。首先阐述本书的研究背景与意义；其次，针对链与链竞争、实现供应链绩效改进的纵向合同、企业生产存在规模不经济和风险规避类四个方面的文献进行了回顾，并指出现有研究的不足，进而提出本书所要研究的问题、研究内容和创新之处。

第 2 章：基于链与链价格竞争的环境，以及分散化链中批发价格合同可被竞争对手观测与不可被竞争对手观测两种情形，分别考察制造商的生产存在规模不经济时竞争供应链的纵向控制结构选择，从制造商绩效改进的角度和供应链系统绩效改进的角度分别识别纵向控制结构的动态演变过程及最终均衡结构，探索纵向结构选择的占优均衡和囚徒困境，揭示价格竞争、规模不经济效应系数对纵向结构选择的影响，并对比分析合同可被观测与不可被观测时纵向控制结构选择的差异之处，为链与链价格竞争环境下制造商提供不可观测与可观测的纵向合同提供理论参考价值。

第 3 章：为了更好地与第二章规模不经济和价格竞争环境的纵向控制结构选择进行对比，本章将基于链与链的数量竞争环境，考察制造商规模不经济时纵向控制结构选择的占优均衡和博弈均衡演化特征，识别制造商及供应链系统在不同竞争环境下进行纵向控制结构选择的异同，为规模不经济企业的纵向控制结构选择提供理论支持作用。

第 4 章：基于制造商的生产存在规模不经济时的链与链数量竞争模型，分析纵向合同不可观测时以批发价格合同为基准，分别从制造商和零售商同时实现绩效改进的角度、整个供应链系统绩效实现 Pareto 改进的角度，研究数量折扣合同、纵向联盟的利润分享合同选择的边界条件和合同参数设计的可行范围，进而识别纵向合同演变的路径，并分析两种合同在改善供应链绩效方面的差异性，以及规模不经济效应系数、横向数量竞争强度对各种合同选择的影响，为链与链竞争环境下规模不经济企业提供纵向协调和合同管理的理论基础和实践指导。

第 5 章：基于制造商规模不经济的链与链数量竞争环境，针对采用批发价格合同的分销企业，从制造商和零售商绩效均改进、供应链系统绩效改进角度研究如何选择和设计可观测的两部定价合同形式的授权模式；同时针对中心化结构的直营企业从企业自身绩效角度和其所在供应链角度如何采纳和设置两部定价合同的分销模式，探索纵向合同选择的博弈均衡演化过程，识别两部定价合同形成的制造商绩效改进、制造商和零售商绩效均改进、供应链系统绩效改进等角度的占优均衡、囚徒困境和失效的边界条件，并分析数量竞争强度和规模不经济程度对两部定价合同参数设计的影响。

第6章：基于零售终端需求不确定和制造商对终端零售价格进行约束的链与链价格竞争环境，分析制造商如何通过纵向价格约束并提供有效的固定加价机制，使得制造商和零售商绩效均得到 Pareto 改进，供应链系统绩效也得到 Pareto 改进，识别固定加价合同选择的博弈均衡特征，并分析市场波动风险、市场规模、市场份额、竞争强度、零售商预测能力及固定加价比例对博弈均衡的影响。

第7章：基于风险中性制造商和风险规避零售商构成链与链价格竞争模型，以批发价格合同为基准，考察制造商采用两部定价合同时其和零售商绩效均优于批发价格合同时的均衡条件，识别纵向合同选择的博弈均衡特征和局限性，并刻画市场需求风险、零售商风险规避因子和横向竞争强度对博弈均衡的影响。

第8章：对本书的研究内容进行总结与阐述，指出研究的不足之处，并对未来可研究的方向进行展望。

1.3.2 结构安排

本书的结构安排如图 1-1 所示。

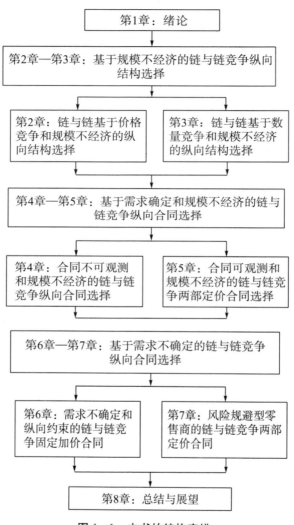

图1-1　本书的结构安排

1.4 研究特色与创新之处

首先，基于现有理论文献研究的不足，本书在竞争供应链模型中分别考虑了制造商的规模不经济和零售商的风险规避两个因素，而现有的文献仅只有 Ha & Tong[25]考虑了链与链竞争环境下的规模不经济因子，也只有 Xiao & Yang[24]考虑了链与链竞争环境下零售商的风险规避态度。不同之处在于，本书主要研究实现上下游绩效均改进的纵向合同设计，并探索合同选择的博弈均衡特征；而这两篇文献并未对纵向合同进行研究。

其次，现有文献对合同的研究主要集中在供应链协调，但协调不能保证供应链各成员均能实现 Pareto 改进，而本书的合同则从供应链的长远发展角度进行选择和设计，确保上下游企业均能实现绩效的 Pareto 改进。同时，本书的研究结果表明，规模不经济企业采用不可观测的纵向合同，不仅能改进供应链上下游企业绩效，也能实现纵向协调。

最后，本书识别了改进上下游绩效的纵向合同选择的演化路径和最终的占优均衡，以及合同运用的局限性，并分析了各种因子（如制造商的规模不经济效应系数、横向价格竞争强度、数量竞争强度，以及零售商对风险的规避程度、需求风险等）对合同选择与设计的影响。

本书的研究为竞争供应链环境中的纵向合同选择提供了理论参考价值和借鉴作用，为规模不经济企业和风险规避企业在市场竞争不断加剧、市场环境日益复杂的供应链环境中提升了竞争力，为实现上下游双方长远发展的双赢局面提供了参考依据。

第 2 章　链与链基于价格竞争和规模不经济的纵向结构选择

　　本章基于链与链价格竞争的环境，以及分散化链中批发价格合同可被竞争对手观测与不可被竞争对手观测两种情形，分别考察制造商的生产存在规模不经济时竞争供应链的纵向控制结构选择，从制造商绩效改进的角度和供应链系统绩效改进的角度分别识别纵向控制结构的动态演变过程及最终均衡结构，并对比分析合同可被观测与不可被观测时纵向控制结构选择的差异之处，为链与链价格竞争环境下制造商提供不可观测与可观测的纵向合同提供理论参考价值。

2.1　问题的提出

　　"现代商业竞争模式不再局限于企业之间，而是整个供应链之间的竞争"（Deloitte 咨询报告，1999）[1]，链与链的竞争主要是指多个制造商与专业中间商构成的多节点之间直接或间接的竞争。对因设备老化、技术落后、管理能力不足以及创新能力低等引起的规模不经济（即单位产品的生产成本随产量的增加而增加）的行业或企业，如何在当今竞争日益激烈的经济环境中保持或提升其竞争力，是一个值得关注和研究的问题。同时，规模不经济企业如何解决其面临的三大压力（横向竞争压力、与纵向合

24

作或非合作的压力以及自身规模不经济所导致的高成本压力），
这三大压力又是如何影响企业、其所在链条和竞争对手的利润，
以及如何影响供应链纵向结构的选择，这是本书研究的重点。

供应链渠道控制结构分为渠道合并（vertical integration）
与渠道分离（vertical separation）或中心化（centralization）与
分散化（decentralization），这里主要是指制造商与零售商资产
统一的集中控制与资产独立的各自决策[2]。泰勒尔发现在分散化
结构下双重加价行为会导致低效率，并试图通过引入合同来消除
或弱化这一问题，其重要思想后来成为供应链协调管理的基石。
Spengler（1950）[3]发现在没有竞争的环境下，分散化结构必然
导致次优的绩效，其根源在于各方寻求自身利益的双重加价行为
扭曲了中心化供应链系统的最优行为，从而导致中心化结构绩效
作为分散化供应链协调合同的基准。那么在链与链竞争环境下，
中心化结构绩效是否依然能作为供应链协调的标准，分散化结构
是否一定是一个次优的选择呢？

本章将考虑企业生产规模不经济对竞争环境下供应链结构选
择的影响，因为规模不经济（即因设备技术落后、管理能力或创
新能力不足等引起的单位产品的生产成本随产量的增加而增加）
是企业在经营管理过程中常会发生的现象。Mollick[84]针对日本
汽车产业 1985 年 1 月份到 1994 年 12 月份九类交通工具（从自
行车到大型公共汽车）的生产数据进行分析得出，有六类交通工
具的边际成本递增。Griffin[85]针对 1968 年美国炼油产业每天
954 万桶的产出数据，采用过程分析方法对单产品和关联产品两
种情形进行分析，得出石油冶炼的边际成本递增。Bairam[2]分析
了 1973 年美国纽约证券交易所 74 个上市公司（包括 McDonald，
Intel，Marriott 等不同行业的公司）的生产成本等数据，得知这
些上市公司的生产经营均存在规模不经济。因此，当链与链竞争
中的制造商在生产方面存在规模不经济现象时，其如何选择纵向

控制结构？规模不经济对其纵向结构选择的影响又如何？

本章还将基于链与链竞争环境下，考察价格竞争和规模不经济双重因素对渠道结构主导者制造商进行纵向控制结构选择的影响，并从制造商的绩效角度和供应链系统的绩效角度识别纵向控制结构的动态演变过程及最终均衡结构。本章的主要贡献在于：第一，拓展并完善了传统的 McGuire & Staelin（1983）等的研究，即纵向均衡结构选择受价格竞争影响，但本书中价格竞争强度边界函数又受规模不经济效应影响；第二，当价格竞争强度相对较弱且严重依赖于规模不经济效应时，不管是从制造商角度还是供应链系统角度，中心化结构为占优均衡结构；第三，发现在链与链价格竞争和规模不经济的环境中，当价格竞争非常激烈且严重依赖于规模不经济效应时，分散化结构是供应链系统角度的占优选择。

2.2　基本模型

本章假定两条竞争供应链进行价格竞争，制造商 i 与零售商 i 属于排他性关系，且制造商占有主导地位，零售商处于跟随地位。制造商的生产存在规模不经济现象，其规模不经济成本函数为 $cq_i^2/2$，其中 c 为大于零的常数。当制造商选择分散化结构时，制造商提供的批发价格合同会因行业不同或可被竞争对手观测，或不可被竞争对手观测。一方面，本书将识别链与链竞争环境下，制造商存在规模不经济时如何选择纵向控制结构；另一方面，本书还将探索合同的可观测性与否是否影响纵向控制结构的选择，以及纵向控制结构选择的博弈均衡特征和占优均衡。以下为链与链价格竞争的模型[39]：

$$q_i = 1 - p_i + \gamma p_j \qquad (2-1)$$

式中，q_i 为产品 i 的需求函数；p_i 产品 i 的价格；γ 为两种替代产品的交叉价格需求边际系数，即两条供应链的竞争强度，且 $0 < \gamma < 1$，$i \in \{1,2\}$。

本章因为主要考虑制造商规模不经济成本对纵向控制结构选择的影响，所以不考虑供应渠道中的销售成本、库存成本等。该竞争供应链的博弈顺序为：首先，制造商选择渠道控制结构；其次，若渠道控制结构的选择为分散化结构，则制造商提供批发价格合同（该批发价格合同或者不可被竞争对手所观测，或者可被竞争对手所观测）；第三，零售商选择零售价格；最后，制造商满足订单，零售商满足市场需求，从而形成横向竞争市场。基于价格竞争和规模不经济的模型分析从集中决策、分散化决策、分散与集中决策结合三个方面展开，针对分散化决策时将充分考虑考虑制造商提供的纵向合同内容不可被（或可被）竞争对手所观测到和纵向合同可被竞争对手所观测到两种情形。

2.3   合同不可观测时的模型计算

2.3.1   均为集中决策的链与链竞争模型

本节将基于批发价格合同不可被观测和规模不经济的链与链价格竞争模型进行分析，首先考虑集中决策的链与链竞争模型，两条竞争性供应链的集中决策利润函数均为

$$M_i = (1 - p_i + \gamma p_j)p_i - c(1 - p_i + \gamma p_j)^2/2 \qquad (2-2)$$

由式（2-2）可得两个制造商最优的价格函数为

$$p_i = (1 + \gamma p_j + c + c\gamma p_j)/(2 + c) \qquad (2-3)$$

$$p_j = (1 + \gamma p_i + c + c\gamma p_i)/(2 + c) \qquad (2-4)$$

由式（2-3）和式（2-4）可得两条供应链的价格竞争均衡如下：

$$p_i = p_j = (1 + c)/(2 + c - \gamma - c\gamma) \qquad (2-5)$$

将 p_i 和 p_j 代入中心控制结构的利润函数，并将中心控制结构标记为 cc ，于是可得制造商和整条供应链系统的绩效如下：

$$M_{icc} = T_{icc} = (2 + c)/[2\,(2 + c - \gamma - c\gamma)^2] \quad (2-6)$$

2.3.2　均为分散化决策的链与链竞争模型

基于分散化决策的链与链竞争模型分析，首先，零售商的利润函数为

$$R_i = (1 - p_i + \gamma\,p_j)(p_i - w_i) \quad (2-7)$$

由式（2-7）可得零售商最优的价格函数为

$$p_i = (1 + \gamma\,p_j + w_i)/2 \quad (2-8)$$

其次，制造商的利润函数为

$$M_i = (1 - p_i + \gamma\,p_j)w_i - c\,(1 - p_i + \gamma\,p_j)^2/2 \quad (2-9)$$

根据倒推法则，将零售商的价格函数代入制造商的利润函数，可得制造商的最优批发价格函数为

$$w_i = (2 + 2\gamma\,p_j + c + c\gamma\,p_j)/(4 + c) \quad (2-10)$$

则可得

$$p_i = (3 + 3\gamma\,p_j + c + c\gamma\,p_j)/(4 + c) \quad (2-11)$$

同理可得

$$p_j = (3 + 3\gamma\,p_i + c + c\gamma\,p_i)/(4 + c) \quad (2-12)$$

于是可得价格竞争均衡为

$$p_i = p_j = (3 + c)/(4 + c - 3\gamma - c\gamma) \quad (2-13)$$

于是可得第 i 条供应链的制造商和零售商及系统的最大利润函数，并将该结构标记为 dd：

$$M_{idd} = \frac{4 + c}{2\,(4 + c - 3\gamma - c\gamma)^2} \quad (2-14)$$

$$R_{idd} = \frac{1}{(4 + c - 3\gamma - c\gamma)^2} \quad (2-15)$$

$$T_{idd} = \frac{6 + c}{2\,(4 + c - 3\gamma - c\gamma)^2} \quad (2-16)$$

2.3.3　分散与集中决策结合的链与链竞争模型

假定第一条供应链的结构为分散化结构，第二条供应链的结构为中心控制结构，则第一条供应链零售商的利润函数为

$$R_1 = (1 - p_1 + \gamma p_2)(p_1 - w_1) \qquad (2-17)$$

第一条供应链的制造商利润函数为

$$M_1 = (1 - p_1 + \gamma p_2)w_1 - c(1 - p_1 + \gamma p_2)^2/2 \qquad (2-18)$$

第二条供应链中心控制结构系统利润为

$$M_2 = (1 - p_2 + \gamma p_1)p_2 - c(1 - p_2 + \gamma p_1)^2/2 \qquad (2-19)$$

根据纵向合同的不可观测性，采用倒推法则，则由式（2-17）～式（2-19）可求出竞争性供应链的价格竞争均衡如下：

$$p_1 = \frac{(c + 2 + \gamma + c\gamma)(3 + c)}{8 + 6c + c^2 - 4c\gamma^2 - 3\gamma^2 - c^2\gamma^2} \qquad (2-20)$$

$$p_2 = \frac{(c + 4 + 3\gamma + c\gamma)(1 + c)}{8 + 6c + c^2 - 4c\gamma^2 - 3\gamma^2 - c^2\gamma^2} \qquad (2-21)$$

将该混合结构标记为 dc，则可得供应链各成员及系统最优绩效分别如下：

$$M_{1dc} = \frac{(4 + c)(2 + c + \gamma + c\gamma)^2}{2(8 + 6c + c^2 - 4c\gamma^2 - 3\gamma^2 - c^2\gamma^2)^2} \qquad (2-12)$$

$$R_{1dc} = \frac{(2 + c + \gamma + c\gamma)^2}{(8 + 6c + c^2 - 4c\gamma^2 - 3\gamma^2 - c^2\gamma^2)^2} \qquad (2-13)$$

$$T_{1dc} = \frac{(6 + c)(2 + c + \gamma + c\gamma)^2}{2(8 + 6c + c^2 - 4c\gamma^2 - 3\gamma^2 - c^2\gamma^2)^2} \qquad (2-14)$$

$$M_{2dc} = T_{2dc} = \frac{(2 + c)(4 + c + 3\gamma + c\gamma)^2}{2(8 + 6c + c^2 - 4c\gamma^2 - 3\gamma^2 - c^2\gamma^2)^2} \qquad (2-15)$$

2.4　合同可观测时的模型计算

因为中心化结构时的竞争供应链结构并不涉及纵向合同，所以基于纵向合同可观测的模型计算，本节将分别考虑均为分散化

结构的链与链竞争模型、分散化与集中决策结合的链与链竞争模型。

2.4.1 均为分散化决策的链与链竞争模型

基于分散化决策的链与链竞争模型分析，首先由零售商 i 的利润函数为

$$R_i = (1 - p_i + \gamma p_j)(p_i - w_i) \quad (2-16)$$

可得零售商 i 的最优价格函数为

$$p_i = (1 + \gamma p_j + w_i)/2 \quad (2-17)$$

也可得零售商 j 的最优价格函数为

$$p_j = (1 + \gamma p_i + w_j)/2 \quad (2-18)$$

由于纵向合同具有可观测性，则可得竞争均衡函数分别为

$$p_i = (2 + \gamma + \gamma w_j + 2 w_i)/(4 - \gamma^2) \quad (2-19)$$

$$p_j = (2 + \gamma + \gamma w_i + 2 w_j)/(4 - \gamma^2) \quad (2-20)$$

将价格竞争均衡函数代入制造商的利润函数得

$$M_i = (1 - p_i + \gamma p_j) w_i - c (1 - p_i + \gamma p_j)^2/2 \quad (2-21)$$

$$M_j = (1 - p_j + \gamma p_i) w_j - c (1 - p_j + \gamma p_i)^2/2 \quad (2-22)$$

于是可得批发价格竞争均衡函数为

$$w_i = w_j = \frac{4 - \gamma^2 + 2c - c \gamma^2}{c \gamma^3 - c \gamma^2 - 2c\gamma + 2c + 2 \gamma^3 - 3 \gamma^2 - 6\gamma + 8}$$

$$(2-23)$$

因而可得价格竞争均衡函数为

$$p_i = p_j = \frac{6 - 2 \gamma^2 + 2c - c \gamma^2}{c \gamma^3 - c \gamma^2 - 2c\gamma + 2c + 2 \gamma^3 - 3 \gamma^2 - 6\gamma + 8}$$

$$(2-24)$$

记可观测合同为 B，分散化结构为 dd，可求得制造商的利润函数、零售商的利润函数及供应链系统利润函数分别为

$$M_{idd}^B = \frac{(2 - \gamma^2)(8 - 2 \gamma^2 + 2c - c \gamma^2)}{2(c \gamma^3 - c \gamma^2 - 2c\gamma + 2c + 2 \gamma^3 - 3 \gamma^2 - 6\gamma + 8)^2}$$

$$(2-25)$$

$$R_{idd}^B = \frac{(2-\gamma^2)^2}{(c\gamma^3 - c\gamma^2 - 2c\gamma + 2c + 2\gamma^3 - 3\gamma^2 - 6\gamma + 8)^2}$$

$$\text{(2-26)}$$

$$T_{idd}^B = \frac{(2-\gamma^2)(12 - 4\gamma^2 + 2c - c\gamma^2)}{2(c\gamma^3 - c\gamma^2 - 2c\gamma + 2c + 2\gamma^3 - 3\gamma^2 - 6\gamma + 8)^2}$$

$$\text{(2-27)}$$

2.4.2　分散化与集中决策结合的链与链竞争模型

假定第一条供应链的结构为分散化结构，第二条供应链的结构为中心控制结构，则第一条供应链零售商的利润函数为

$$R_1 = (1 - p_1 - \gamma p_2)(p_1 - w_1) \qquad \text{(2-28)}$$

第二条供应链中心控制结构系统利润为

$$M_2 = (1 - p_2 - \gamma p_1)p_2 - \frac{c(1 - p_2 - \gamma p_1)^2}{2} \qquad \text{(2-29)}$$

由式（2-28）和式（2-29）可求出竞争性供应链的价格竞争均衡如下：

$$p_1 = \frac{c + 2 + \gamma + c\gamma + 2w_1 + cw_1}{4 + 2c - \gamma^2 - c\gamma^2} \qquad \text{(2-30)}$$

$$p_2 = \frac{\gamma + c\gamma w_1 + 2c + 2 + \gamma w_1 + c\gamma}{4 + 2c - \gamma^2 - c\gamma^2} \qquad \text{(2-31)}$$

第一条供应链的制造商利润函数为

$$M_1 = w_1(1 - p_1 - \gamma p_2) - \frac{c(1 - p_1 - \gamma p_2)^2}{2} \qquad \text{(2-32)}$$

将价格竞争均衡函数代入式（2-32）可求出最大利润函数，根据批发价格合同的可观测性，将混合结构标记为 dc，可得

$$w_{1dc}^B = (2 + c + \gamma + c\gamma)^2(2 + c - c\gamma - \gamma)/[(2+c)(2+c-\gamma^2 - c\gamma^2)(4 - \gamma^2 + c - c\gamma^2)]$$

$$\text{(2-33)}$$

$$p_{1dc}^B = (3 + c - \gamma^2 - c\gamma^2)(2 + c + c\gamma + \gamma)/[(2 + c - \gamma^2 - c\gamma^2)(4 - \gamma^2 + c - c\gamma^2)]$$

$$\text{(2-34)}$$

$$p_{2dc}^{B} = (1+c)(8+6\gamma-\gamma^2 c^2 - c^2 \gamma^3 + c^2 \gamma + c^2 - 3c \gamma^3 -$$
$$4c\gamma^2 + 5c\gamma + 6c - 2\gamma^3 - 3\gamma^2)/[(2+c)(2+c-\gamma^2-c\gamma^2)(4-$$
$$\gamma^2 + c - c\gamma^2)] \tag{2-35}$$

$$M_{1dc}^{B} = (2+c+\gamma+c\gamma)^2/[2(2+c)(2+c-\gamma^2-c\gamma^2)(4-$$
$$\gamma^2 + c - c\gamma^2)] \tag{2-36}$$

$$R_{1dc}^{B} = (2+c+\gamma+c\gamma)^2/[(2+c)^2(4-\gamma^2+c-c\gamma^2)^2] \tag{2-37}$$

$$T_{1dc}^{B} = (2+c+\gamma+c\gamma)^2(5c\gamma^2+c^2\gamma^2-c^2-8c+4\gamma^2-$$
$$12)/[2(2+c)^2(4-\gamma^2+c-c\gamma^2)(2+c-\gamma^2-c\gamma^2)] \tag{2-38}$$

$$T_{2dc}^{B} = (8+6\gamma+c^2-\gamma^2 c^2+c^2\gamma-c^2\gamma^3-3c\gamma^3-4c\gamma^2+$$
$$5c\gamma + 6c - 2\gamma^3 - 3\gamma^2)^2/[2(2+c)(4-\gamma^2+c-c\gamma^2)^2$$
$$(2+c-\gamma^2-c\gamma^2)^2] \tag{2-39}$$

为考察合同可观测时规模不经济效应对制造商绩效的影响，记 $\partial M_{icc}/\partial c = 0$ 关于规模不经济效应系数的边界函数值为 c_1，$\partial M_{idd}^{B}/\partial c = 0$ 关于规模不经济效应系数的边界函数值为 c_2，$\partial M_{1dc}^{B}/\partial c = 0$ 关于规模不经济效应系数的边界函数值为 c_3，且各边界值如下：

$$c_1 = (3\gamma-2)/(1-\gamma)$$
$$c_2 = (2\gamma^3-\gamma^2-10\gamma+8)/(2-\gamma^3+\gamma^2+2\gamma)$$
$$c_3 = \frac{(3D)^{1/3}/[3(1-\gamma)^2]-(9/D)^{1/3}(2\gamma^2-\gamma-4)\gamma/3-2-\gamma}{1+\gamma}$$

式中

$$D = \gamma(1-\gamma)^4\{18\gamma+9\gamma^2+[3(8\gamma^7+15\gamma^6+12\gamma^5-34\gamma^4-$$
$$24\gamma^3+60\gamma^2-64\gamma)]^{1/2}/(1-\gamma)\}$$

引理 2-1 ①当 $0.667<\gamma<1$ 时，$c_1>0$，且 $\partial c_1/\partial\gamma>0$；②当 $0.851<\gamma<1$ 时，$c_2>0$，且 $\partial c_2/\partial\gamma>0$；③当 $0.412<\gamma<1$ 时，$c_3>0$，且 $\partial c_3/\partial\gamma>0$。

命题 2-1 ①若价格竞争强度 $\gamma\in(0.667，1)$，规模不经济效应系数 $c\in(0，c_1)$，则 $\partial M_{icc}/\partial c>0$；②若价格竞争强度

$\gamma \in (0.851, 1)$，规模不经济效应系数 $c \in (0, c_2)$，则 $\partial M_{idd}^B / \partial c > 0$；③若价格竞争强度 $\gamma \in (0.412, 1)$，规模不经济效应系数 $c \in (0, c_3)$，则 $\partial M_{1dc}^B / \partial c > 0$。

证明：各制造商绩效关于 c 的一阶偏导函数如下：

$$\partial M_{icc}/\partial c = (\gamma - 1)(c - c_1)/[2(2 - c\gamma + c - \gamma)^3]$$

$$\partial M_{idd}^B/\partial c = (\gamma^2 - 2)(c - c_2)(4\gamma^3 - 4\gamma^2 - 4\gamma + 4 - \gamma^5 + \gamma^4)/[2(\gamma^3 - \gamma^2 - 2\gamma + 2)c + 2\gamma^3 - 3\gamma^2 - 6\gamma + 8]^3$$

$$\partial M_{1dc}^B/\partial c = (\gamma + 2 + c + c\gamma)(c - c_3)[c + (2 + \gamma)/(1 + \gamma)][(c - A)^2 + B^2](2\gamma^3 + 2\gamma^2 - \gamma^5 - \gamma^4 - \gamma - 1)/[2(c + 2)^2(\gamma^2 + c\gamma^2 - c^2 - 4)(c + 2 - \gamma^2 - c\gamma^2)^2]$$

式中，A 和 B 的值分别如下：

$$A = \frac{-(3D)^{1/3}/[6(1 - \gamma)^2] + (2\gamma^2 - \gamma - 4)\gamma(9/D)^{1/3}/6 - 2 - \gamma}{1 + \gamma}$$

$$B = \frac{\sqrt{3}(3D)^{1/3}/(1 - \gamma)^2 + \sqrt{3}(2\gamma^2 - \gamma - 4)\gamma(9/D)^{1/3}}{6(1 + \gamma)}.$$

于是可得当 $0.667 < \gamma < 1$，$0 < c < c_1$ 时，$\partial M_{icc}/\partial c > 0$；当 $0.851 < \gamma < 1$，$0 < c < c_2$ 时，$\partial M_{idd}^B/\partial c > 0$；当 $0.412 < \gamma < 1$，$0 < c < c_3$ 时，$\partial M_{1dc}^B/\partial c > 0$。因此命题 2-1 得证。

命题 2-1 表明，规模不经济效应对制造商的绩效不一定有害。若规模不经济效应系数相对较弱并严重依赖于竞争强度，且价格竞争强度相对较强，如分散化结构的竞争强度 $\gamma \in (0.851, 1)$，即图 2-1 中区域 I，中心化结构的竞争强度 $\gamma \in (0.667, 1)$，即图 2-1 中区域 I 和区域 II，竞争对手供应链采用中心化时的本链采用分散化结构的竞争强度 $\gamma \in (0.412, 1)$，即图 2-1 中区域 I、区域 II 和区域 III，则其相应的制造商的绩效随着规模不经济效应的增强而增加；同时由图 2-1 可知，各区域随着数量竞争强度的增强而增大。

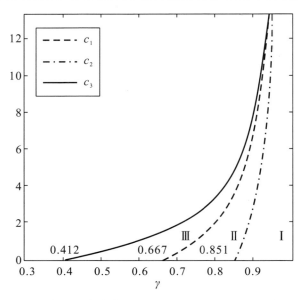

图 2-1　规模不经济效应系数 c_1,c_2,c_3 与竞争强度 γ 的关系图

　　为了直观地观测价格竞争强度对制造商的绩效关于规模不经济效应系数 c 的一阶偏导函数的影响，令 $c=1.5$，得到图 2-2。由图 2-2 可知，在价格竞争强度相对较小时，不管是分散化结构、中心化结构还是对手供应链为中心化结构而本链采用分散化结构，其制造商绩效均随着规模不经济效应的增强而减小，当价格竞争强度超过一定值时，则三种情形下的制造商绩效均随着规模不经济效应的增强而增大。

　　另外，为了直观地观测规模不经济效应对制造商的绩效关于规模不经济效应系数 c 的一阶偏导函数的影响，令 $\gamma=0.88$，得到图 2-3。由图 2-3 可知，当规模不经济效应相对较低时，则制造商的绩效随着规模不经济效应的增强而增加；当规模不经济效应较强时，则制造商的绩效随着规模不经济效应的增强而减小。

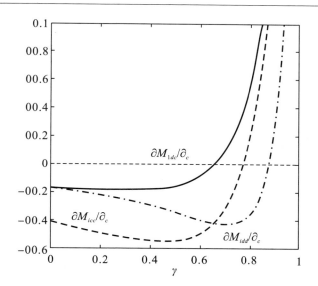

图 2-2　制造商绩效偏导函数与竞争强度 γ 的关系图

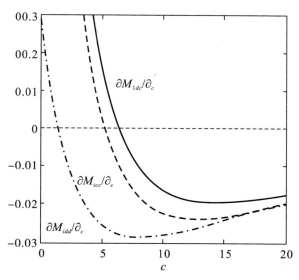

图 2-3　制造商绩效偏导函数与规模不经济效应系数 c 的关系图

2.5 合同不可观测时制造商角度的纵向结构选择

记 $M_{1cc} = M_{1dd}$ 关于竞争强度的边界值分别为 γ_1 和 γ_2，具体如下：

$$\gamma_1 = (c^2 + 6c + 8 + \sqrt{c^2 + 6c + 8})/(c^2 + 6c + 7)$$

$$\gamma_2 = (c^2 + 6c + 8 - \sqrt{c^2 + 6c + 8})/(c^2 + 6c + 7)$$

引理 2-2　①$\gamma_1 > 1$；②$0.7388 < \gamma_2 < 1$；③$\partial \gamma_2 / \partial c > 0$。

命题 2-2　①当 $0 < \gamma < \gamma_2$ 时，$M_{1cc} > M_{1dd}$；②当 $0.7388 < \gamma_2 < \gamma < 1$ 时，$M_{1cc} < M_{1dd}$。

证明：若两制造商均采用中心化结构或均采用分散化结构，则其绩效之差为

$$M_{1cc} - M_{1dd} = (c^2 + 6c + 7)(\gamma - \gamma_1)(\gamma - \gamma_2)/[(c + 2 - \gamma - c\gamma)^2(4 - 3\gamma + c - c\gamma)^2]$$

由引理 2-1 知，$\gamma_1 > 1$，$0 < \gamma < \gamma_2$，于是可得当 $0 < \gamma < \gamma_2$ 时，$M_{1cc} > M_{1dd}$；当 $0.7388 < \gamma_2 < \gamma < 1$ 时，$M_{1cc} < M_{1dd}$。因此命题 2-2 得证。

命题 2-2 表明，在两条竞争性供应链均采用相同纵向结构的情形中，价格竞争影响纵向结构的选择，即当两条供应链之间的价格竞争相对较弱且严重依赖于规模不经济效应时，则中心化结构时的制造商绩效优于均为分散化结构时的制造商绩效；而价格竞争很激烈时，其强度超过 0.7388，且该价格竞争边界函数严重依赖于规模不经济效应时，则采用分散化结构能使制造商避开零售终端之间的价格战。

命题 2-3　$M_{1cc} > M_{1dc}$。

证明：若竞争对手供应链采用中心化结构，则本链采用中心

化结构与分散化结构的制造商绩效之差为

$$M_{1cc} - M_{1dc} = [(\gamma^4 - 2\gamma^2 + 1)c^4 + (8\gamma^4 - 18\gamma^2 + 10)c^3 + (56 - 72\gamma^2 + 20\gamma^4)c + (36 - 56\gamma^2 + 20\gamma^4)c^2 + 32 - 32\gamma^2 + 7\gamma^4]/[(c + 2 - \gamma - c\gamma)^2(8 - 3\gamma^2 + 6c - 4c\gamma^2 + c^2 - c^2\gamma^2)^2] > 0$$

即 $M_{1cc} > M_{1dc}$。因此命题 2-3 得证。

命题 2-3 表明，当竞争对手供应链采用中心化结构时，本链采用中心化结构时的制造商绩效优于采用分散化结构时的制造商绩效，且完全不受价格竞争和规模不经济的影响。

记 $M_{2dc} = M_{2dd}$ 关于竞争强度的边界值为 γ_i（$i = 3,4,5,6$），具体如下：

$$\gamma_3 = \frac{\sqrt{c^3 + 10c^2 + 32c + 32 + (4 + c)\sqrt{c^2 + 6c + 8}}}{\sqrt{c^3 + 9c^2 + 25c + 21}}$$

$$\gamma_4 = \frac{-\sqrt{c^3 + 10c^2 + 32c + 32 + (4 + c)\sqrt{c^2 + 6c + 8}}}{\sqrt{c^3 + 9c^2 + 25c + 21}}$$

$$\gamma_5 = \frac{\sqrt{c^3 + 10c^2 + 32c + 32 - (4 + c)\sqrt{c^2 + 6c + 8}}}{\sqrt{c^3 + 9c^2 + 25c + 21}}$$

$$\gamma_6 = \frac{-\sqrt{c^3 + 10c^2 + 32c + 32 - (4 + c)\sqrt{c^2 + 6c + 8}}}{\sqrt{c^3 + 9c^2 + 25c + 21}}$$

引理 2-3　① $\gamma_4 < 0$，$\gamma_5 < 0$；② $\gamma_3 > 1$；③ $0.9925 < \gamma_5 < 1$，$\partial\gamma_5/\partial c > 0$。

命题 2-4　① 当 $0 < \gamma < \gamma_5 < 1$ 时，$M_{2dc} > M_{2dd}$；② 当 $0.9925 < \gamma_5 < \gamma < 1$ 时，$M_{2dc} < M_{2dd}$。

证明：若竞争对手供应链采用分散化结构，本链采用中心化结构与分散化结构的制造商绩效之差为

$$M_{2dc} - M_{2dd} = (c^4 + 12c^3 + 52c^2 + 96c)(\gamma - \gamma_3)(\gamma - \gamma_4)(\gamma - \gamma_5)(\gamma - \gamma_6)/[(4 + c - 3\gamma - c\gamma)^2(8 - 3\gamma^2 + 6c - 4c\gamma^2 + c^2 - c^2\gamma^2)^2]$$

因为 $\gamma_4 < 0$，$\gamma_5 < 0$，$\gamma_3 > 1$，$0.9925 < \gamma_5 < 1$，所以可得当 $0 < \gamma < \gamma_5 < 1$ 时，$M_{2dc} > M_{2dd}$；当 $0.9925 < \gamma_5 < \gamma < 1$ 时，$M_{2dc} < M_{2dd}$。因此命题 2-4 得证。

命题 2-4 表明，若竞争对手供应链采用分散化结构，则价格竞争影响本链纵向结构的选择，而规模不经济并不影响本供应链的选择，即当价格竞争非常激烈，其强度超过 0.9925，且严重依赖于规模不经济效应时，本链采用分散化结构反而更有利于制造商规避激烈的价格竞争；而当价格竞争相对较弱，且其强度严重依赖于规模不经济效应时，本链采用中心化结构反而更有利于制造商。

为了直观地观测价格竞争对各制造商绩效改进量的影响，令 $c = 1$，得到图 2-4。由图 2-4 可知：①各制造商采用中心化结构时的利润改进空间均随着价格竞争强度的加剧先增加而后减小；②只有当竞争对手供应链采用中心化结构时，本链制造商由分散化结构转为采用中心化结构获得的绩效改进量一直为正；③当竞争对手供应链采用分散化结构时，本链采用中心化结构获得的绩效改进空间最大；④当两条竞争性供应链均为分散化结构时，转而采用中心化结构所带来的制造商利润空间改进空间最小，且随价格竞争强度的加剧，制造商采用中心化结构的绩效改进空间最先为负；⑤三种情形均表明，当价格竞争相对较为激烈时，分散化结构更有利于制造商。

另外，为了直观地观测规模不经济对各制造商绩效改进量的影响，令 $\gamma = 0.5$，得到图 2-5。由图 2-5 可知，各制造商采用中心化结构时的利润改进空间均随着规模不经济效应的增强而逐渐减小，各情形的绩效改进量均为正。另外，由该图还可以看出，中心化结构的选择并不直接受规模不经济因素的影响。

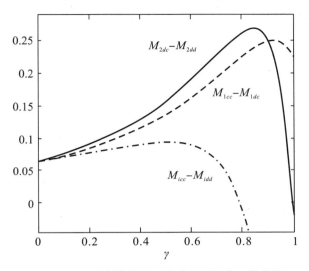

图 2-4　制造商绩效改进量随竞争强度 γ 的变化

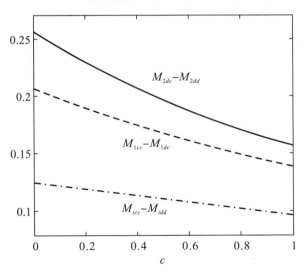

图 2-5　制造商绩效改进量随规模不经济效应系数 c 的变化

由以上命题可得，制造商角度的纵向结构演变过程及最终均衡结构选择如下：

引理 2-4 $\gamma_2 < \gamma_5$。

命题 2-5 ①当 $0 < \gamma < \gamma_2$ 时，竞争性供应链的纵向结构演变过程为 $dd \rightarrow cd/dc \rightarrow cc$，且 cc 构成的纵向控制结构为供应链的占优均衡结构；②当 $0.7388 < \gamma_2 < \gamma < \gamma_5$ 时，竞争性供应链的纵向控制结构动态演变过程为 $dd \rightarrow cd/dc \rightarrow cc$，但 cc 构成的纵向控制结构为囚徒困境；③当 $0.9925 < \gamma_5 < \gamma < 1$ 时，竞争性供应链的纵向控制结构动态演变过程为 $cd/dc \rightarrow dd$，$cd/dc \rightarrow cc$，cc 或 dd 为最终控制结构。

命题 2-5 表明，在价格竞争和规模不经济环境下，仅价格竞争对竞争性供应链的纵向结构选择具有重要影响，而规模不经济只是影响着价格竞争强度的边界条件，即当价格竞争不是太激烈，其强度在 $(0, \gamma_2)$ 范围内且严重依赖于规模不经济效应时，如图 2-6 中区域 A 所示，则中心化结构为竞争性供应链的占优均衡结构。同时由图 2-6 可知，该区域随着规模不经济效应的增强而逐渐增大，即规模不经济效应越强，则中心化结构为占优均衡结构的价格竞争强度条件的范围越大。

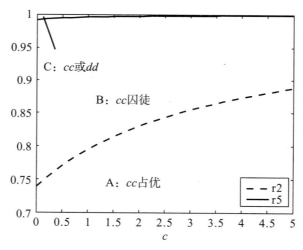

图 2-6 **规模不经济对竞争强度边界函数的影响**

当价格竞争非常激烈，其强度在 (γ_2, γ_5) 范围内且严重依赖于规模不经济效应时，如图 2-6 中区域 B 所示，则此时竞争性供应链的最终均衡结构为中心化结构，但该结构使得制造商的绩效出现囚徒困境。同时由图 2-6 可知，该区域随着规模不经济效应的增强而逐渐减小，说明规模不经济效应越强，中心化结构产生囚徒困境的价格竞争强度条件的范围越小。

当两条供应链之间的价格竞争非常惨烈，其强度大于0.9925，在 $(\gamma_5, 1)$ 范围内且严重依赖于规模不经济效应时，如图 2-6 中区域 C 所示，则依据供应链纵向结构的改进路径，供应链的最终控制结构或为中心化结构或为分散化结构。同时由图2-6 可知，区域 C 随着规模不经济效应的增强而逐渐减小，直至为零。

该研究结论拓展和完善了 McGuire 和 Staelin（1983）的研究成果，但本书的价格竞争强度边界条件受规模不经济因素的影响，且随着规模不经济效应的增强而增大。

2.6　合同可观测时制造商角度的纵向结构选择

记 $M_{icc} = M_{idd}^B$ 关于规模不经济效应系数的边界函数值分别为 c_4 和 c_5，具体如下：

$c_4 = (\gamma - 2)[7\gamma^4 + 5\gamma^3 - 26\gamma^2 - 12\gamma + 24 - (\gamma^8 + 6\gamma^7 - 3\gamma^6 - 44\gamma^5 - 4\gamma^4 + 96\gamma^3 - 16\gamma^2 - 64\gamma + 64)^{1/2}]/[4(1-\gamma)(4 - 4\gamma^2 + \gamma^4)]$

$c_5 = (\gamma - 2)[7\gamma^4 + 5\gamma^3 - 26\gamma^2 - 12\gamma + 24 + (\gamma^8 + 6\gamma^7 - 3\gamma^6 - 44\gamma^5 - 4\gamma^4 + 96\gamma^3 - 16\gamma^2 - 64\gamma + 64)^{1/2}]/[4(1-\gamma)(4 - 4\gamma^2 + \gamma^4)]$

引理 2-5　当 $0.708 < \gamma < 1$ 时，$c_4 > 0$，$c_5 < 0$。

命题 2-6　①当 $c > \max(c_4, 0)$ 时，即当 $0.708 < \gamma < 1$，

$c > c_4 > 0$ 时，或者当 $0 < \gamma < 0.708$ 时，$M_{icc} > M_{idd}^B$；② 当 $0.708 < \gamma < 1$，且 $0 < c < c_4$ 时，$M_{icc} < M_{idd}^B$。

证明：当两条竞争性供应链均采用中心化结构或者均采用分散化结构时，制造商利润之差为

$$M_{icc} - M_{idd}^B = (8 - 6\gamma^4 + 16\gamma^3 + 2\gamma^6 - 4\gamma^5 - 16\gamma)(c - c_4)(c - c_5) / [2(c\gamma - c + \gamma - 2)^2(c\gamma^3 - c\gamma^2 - 2c\gamma + 2c + 2\gamma^3 - 3\gamma^2 - 6\gamma + 8)^2]$$

因为 $8 - 6\gamma^4 + 16\gamma^3 + 2\gamma^6 - 4\gamma^5 - 16\gamma > 0$，$c - c_5 > 0$，则可得当 $c > c_4$ 且 $c > 0$ 时，即当 $0.708 < \gamma < 1$，$c > c_4 > 0$ 时，或者当 $0 < \gamma < 0.708$，$c > 0 > c_4$ 时，$M_{icc} > M_{idd}^B$；否则，当 $0 < c < c_4$ 且 $0.708 < \gamma < 1$ 时，$M_{icc} < M_{idd}^B$。因此命题 2-6 得证。

命题 2-6 表明，若两条竞争性供应链采用相同的纵向结构，当横向竞争相对较为激烈，且制造商的规模不经济效应较强时，采用中心化结构时的制造商绩效高于分散化结构时的制造商绩效；当横向竞争相对较弱，则不管制造商规模不经济程度如何，对于制造商而言，中心化结构优于分散化结构。

（2）当规模不经济效应较弱并严重依赖于价格竞争强度，且价格竞争强度在 (0.708,1) 范围内时，分散化结构时的制造商绩效高于中心化结构时的制造商绩效。该研究结论的竞争强度条件与 McGuire（1983）未考虑规模不经济的研究成果［价格竞争强度在 (0.708,1) 范围内，分散化结构时的制造商绩效高于中心化结构时的制造商绩效］一样，但是本书的规模不经济效应边界值依赖于价格竞争强度。

命题 2-6 拓展了 McGuire（1983）的结论（横向竞争相对较激烈时采用分散化结构），即仅当制造商的规模不经济效应较弱，且横向竞争相对较激烈时，制造商才会选择分散化结构，以规避激烈的市场竞争；而若制造商规模不经济效应较强，且横向竞争也相对较激烈，则制造商会选择中心化结构。

为了直观地观测规模不经济效应对制造商实现 Pareto 绩效改进的影响，令 $\gamma = 0.8$，得到图 2-7。由图 2-7 可知，当规模不经效应系数小于 G 点横坐标时，如图中区域 Ⅰ，采用分散化结构时制造商绩效的可改进范围随着规模不经济效应的增强而逐渐减小；但当规模不经济效应系数超过 G 点横坐标时，如图中区域 Ⅱ，采用中心化结构时制造商绩效的可改进范围随着规模不经济效应的增强而逐渐增大。同时由图 2-7 还可知，随着规模不经济效应的逐渐增强，若竞争对手供应链采用中心化结构，则本链采用中心化结构时制造商绩效的可改进范围也逐渐减小。

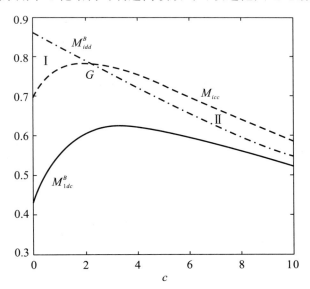

图 2-7　当 $\gamma = 0.8$ 时的制造商利润与规模不经济效应系数 c 的关系图

命题 2-7　$M_{1cc} > M_{1dc}^{B}$。

证明： 当竞争对手采用中心化结构时，本供应链中制造商采用中心化结构和分散化结构的利润之差为

$$M_{1cc} - M_{1dc}^{B} = [(2 - 4\gamma^2 + 2\gamma^4 + 2)c^3 + (12 - 20\gamma^2 + 7\gamma^4)c^2 + (24 - 32\gamma^2 + 8\gamma^4)c + 16 - 16\gamma^2 + 3\gamma^4]/[2(2 + c)(c\gamma -$$

$c + \gamma - 2)^2 (c\gamma^2 - c + \gamma^2 - 2)(c\gamma^2 - c + \gamma^2 - 4)] > 0$

即 $M_{1cc} > M_{1dc}^B$。因此命题 2−7 得证。

命题 2−7 表明，若竞争对手供应链采用中心化结构，则本链采用中心化结构时的制造商绩效高于采用分散化结构时的制造商绩效，且不受横向竞争强度和制造商规模不经济效应的影响。

令 $f_1(c, \gamma) = 2(\gamma^2 - 1)^4 (\gamma^2 - 2)^2 c^5 + (\gamma^2 - 1)^2 (15\gamma^8 - 112\gamma^6 - 2\gamma^5 + 297\gamma^4 + 4\gamma^3 - 328\gamma^2 + 128)c^4 + 2(\gamma^2 - 1)(22\gamma^{10} - 220\gamma^8 - 5\gamma^7 + 834\gamma^6 + 21\gamma^5 - 1492\gamma^4 - 20\gamma^3 + 1256\gamma^2 - 400)c^3 + (63\gamma^{12} - 794\gamma^{10} - 16\gamma^9 + 3965\gamma^8 + 106\gamma^7 - 10005\gamma^6 - 212\gamma^5 + 13428\gamma^4 + 128\gamma^3 - 9088\gamma^2 + 2432)c^2 + (44\gamma^{12} - 628\gamma^{10} - 8\gamma^9 + 3570\gamma^8 + 66\gamma^7 - 10284\gamma^6 - 168\gamma^5 + 15728\gamma^4 + 128\gamma^3 - 12032\gamma^2 + 3584)c + (\gamma^2 - 4)^2 (12\gamma^8 - 96\gamma^6 + 273\gamma^4 - 320\gamma^2 + 128)$，$M_{2dd}^B - M_{2dc}^B = -f_1(c, \gamma)/[2(2 + c)(c\gamma^3 - c\gamma^2 - 2c\gamma + 2c + 2\gamma^3 - 3\gamma^2 - 6\gamma + 8)^2 (c\gamma^2 - c + \gamma^2 - 2)^2 (c\gamma^2 - c + \gamma^2 - 4)^2]$，则可得如下命题：

命题 2−8 ①当 $f_1(c, \gamma) < 0$ 时，$M_{2dd}^B > M_{2dc}^B$；②当 $f_1(c, \gamma) > 0$ 时，$M_{2dd}^B < M_{2dc}^B$。

命题 2−8 表明，当竞争对手供应链采用中心化结构时，本供应链制造商选择中心化或分散化结构取决于规模不经济效应系数和横向竞争强度的双重影响，当 $f_1(c, \gamma)$ 的值为负数时，制造商选择分散化结构；当 $f_1(c, \gamma)$ 的值为正数时，制造商选择中心化结构，如图 2−8 所示。

为了直观地观测横向竞争对纵向控制结构的影响，令 $c = 1$，得到图 2−9。由图 2−9 可知，当横向竞争相对较弱时，制造商选择中心化结构优于分散化结构，且随着横向竞争逐步加剧，采用中心化结构改善制造商绩效的改进空间先增大后逐渐减小，直至为零；当横向竞争非常激烈时，分散化结构优于中心化结构。

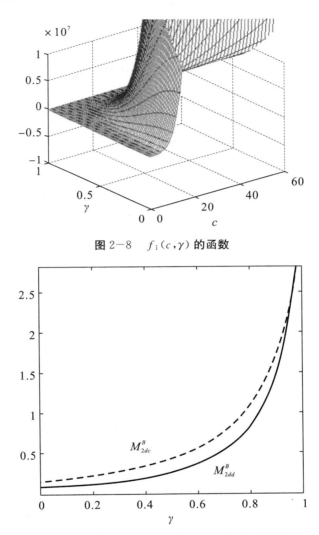

图 2-8　$f_1(c,\gamma)$ 的函数

图 2-9　当 $c=1$ 时的 M_{2dd}^B 与 M_{2dc}^B 的关系图

为了直观地观测规模不经济对纵向控制结构的影响，令 $\gamma=$ 0.5，得到图 2-10。由图 2-10 可知，当竞争对手采用分散化结构时，不管横向竞争强度如何，对于制造商而言，中心化结构

带来的绩效高于分散化结构，但绩效改进空间随着规模不经济效应的增强而逐渐减小。

命题 2－9 ①从制造商的角度考虑，若 $G = \{(c, \gamma): f_1(c, \gamma) > 0, c > \max(c_4, 0)\}$，则竞争性供应链的纵向控制结构动态演变过程为 $dd \to cd/dc \to cc$，cc 为最终的均衡控制结构，且 cc 构成的中心化纵向控制结构为供应链的占优均衡结构；②若 $G = \{(c, \gamma): f_1(c, \gamma) < 0, 0.708 < \gamma < 1, 0 < c < c_4\}$，则竞争性供应链的纵向控制结构动态演变过程为 $dd \to cd/dc \to cc$，且 cc 构成的中心化纵向控制结构会给制造商带来囚徒困境。

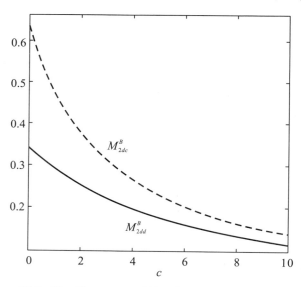

图 2－10　当 $\gamma = 0.5$ 时的 M_{2dd}^{B} 与 M_{2dc}^{B} 的关系图

证明： 由命题 2－7 知 $M_{1cc} > M_{1dc}^{B}$，若 $M_{2dd}^{B} < M_{2dc}^{B}$，则由对称性可得 $M_{1cd}^{B} > M_{1dd}^{B}$，则竞争性供应链的纵向控制结构的动态演变过程为 $dd \to cd/dc \to cc$。因此当 c 和 γ 在 $G = \{(c, \gamma): f_1(c, \gamma) > 0, c > \max(c_4, 0)\}$ 内时，cc 构成的中心化纵向控制结构为供应链的占优均衡结构。

若 $M_{2dd}^B > M_{2dc}^B$，则由对称性可得 $M_{1cd}^B < M_{1dd}^B$，则竞争性供应链的纵向控制结构的动态演变过程为 $dd \to cd/dc \to cc$。因此当 c 和 γ 在 $G = \{(c,\gamma): f_1(c,\gamma) < 0, 0.708 < \gamma < 1, 0 < c < c_4\}$ 内时，cc 构成的中心化纵向控制结构会给制造商所带来囚徒困境。因此命题 2-9 得证。

命题 2-9 表明，当制造商的规模不经济效应系数和横向竞争强度满足 $f_1(c,\gamma) > 0$ 和 $c > \max(c_4,0)$，则对于制造商而言，其纵向控制结构选择由分散化结构最终演变为中心化结构，且均采用中心化的纵向控制结构为是制造商的占优均衡结构；当制造商的规模不经济效应系数和横向竞争强度满足 $f_1(c,\gamma) < 0$，且横向竞争相对较为激烈（竞争强度超过 0.708），规模不经济效应相对较弱（规模不经济效应系数小于 c_4）时，则竞争性供应链的中心化结构为给制造商带来囚徒困境的纵向控制结构。

2.7　合同不可观测时供应链系统角度的纵向结构选择

记 $T_{1cc} = T_{1dd}$ 的解分别为 γ_7 和 γ_8，具体如下：

$$\gamma_7 = 2(6 + 3c + \sqrt{12 + 8c + c^2})/(2c + 3)$$

$$\gamma_8 = 2(6 + 3c - \sqrt{12 + 8c + c^2})/(2c + 3)$$

引理 2-6　① $\gamma_7 > 1$；② $0 < \gamma_8 < 1$。

命题 2-10　①当 $0 < \gamma < \gamma_8$ 时，$T_{1cc} > T_{1dd}$；②当 $1 > \gamma > \gamma_8$ 时，$T_{1cc} < T_{1dd}$。

证明：当两条竞争性供应链均采用中心化结构或均采用分散化结构时，供应链系统绩效之差为

$$T_{1cc} - T_{1dd} = 2(2c + 3)(\gamma - \gamma_7)(\gamma - \gamma_8)/[(c\gamma - c + \gamma - 2)^2(c\gamma - c + 3\gamma - 4)^2]$$

于是可得当 $0 < \gamma < \gamma_8$ 时，$T_{1cc} > T_{1dd}$；当 $1 > \gamma > \gamma_8$ 时，$T_{1cc} < T_{1dd}$。因此命题 2-5 得证。

命题 2-10 表明，当价格竞争强度相对较弱且严重依赖于规模不经济效应系数时，对于每个供应链系统而言，中心化结构优于分散化结构；而当价格竞争相对较为激烈时，则分散化结构有利于系统绩效。

记 $T_{1cc} = T_{1dc}$ 关于横向竞争强度的边界值为 $\gamma_i (i = 9, 10, 11, 12)$，具体如下：

$$\gamma_9 = \frac{\sqrt{3c^2 + 12c + 12 + (2+c)\sqrt{c^2 + 8c + 12}}}{\sqrt{2(2c^2 + 5c + 3)}}$$

$$\gamma_{10} = \frac{-\sqrt{3c^2 + 12c + 12 + (2+c)\sqrt{c^2 + 8c + 12}}}{\sqrt{2(2c^2 + 5c + 3)}}$$

$$\gamma_{11} = \frac{\sqrt{3c^2 + 12c + 12 - (2+c)\sqrt{c^2 + 8c + 12}}}{\sqrt{2(2c^2 + 5c + 3)}}$$

$$\gamma_{12} = \frac{-\sqrt{3c^2 + 12c + 12 - (2+c)\sqrt{c^2 + 8c + 12}}}{\sqrt{2(2c^2 + 5c + 3)}}$$

引理 2-7 ① $\gamma_9 > 1$；② $\gamma_{10} > 1$；③ $\gamma_{12} > 1$；④ $0 < \gamma_{11} < 1$。

命题 2-11 ①当 $0 < \gamma < \gamma_{11} < 0.9194$ 时，$T_{1cc} > T_{1dc}$；②当 $\gamma_{11} < \gamma < 1$ 时，$T_{1cc} < T_{1dc}$。

证明：若竞争对手供应链采用中心化结构，则本链采用中心化结构与分散化结构的供应链系统绩效之差为

$$T_{1cc} - T_{1dc} = 2(2c^3 + 7c^2 + 8c + 3)(\gamma - \gamma_9)(\gamma - \gamma_{10}\gamma - \gamma_{11})(\gamma - \gamma_{12})/[(c\gamma - c + \gamma - 2)^2(8 + 6c + c^2 - 3\gamma^2 - 4c\gamma^2 - c^2\gamma^2)^2]$$

因为 $\gamma_9 > 1$，$\gamma_{10} > 1$，$\gamma_{12} > 1$，$0 < \gamma_{11} < 1$，所以可得当 $0 < \gamma < \gamma_{11} < 0.9194$ 时，$T_{1cc} > T_{1dc}$；当 $\gamma_{11} < \gamma < 1$ 时，$T_{1cc} < T_{1dc}$。因此命题 2-11 得证。

命题 2-11 表明，若竞争对手供应链采用中心化结构，则价格竞争影响供应链的纵向结构选择，而规模不经济效应影响价格竞争强度边界条件的范围，即当两条竞争性供应链之间的价格竞争强度小于 0.9194，且在 $(0, \gamma_{11})$ 范围内并严重依赖于规模不经济效应系数时，则本链采用中心化结构时的系统绩效优于分散化结构；而当两条竞争性供应链之间的价格竞争强度在 $(\gamma_{11}, 1)$ 范围内并严重依赖于规模不经济效应系数时，则分散化结构更有利于本链的系统绩效。

记 $T_{2dd} = T_{2dc}$ 关于横向竞争强度的边界值为 $\gamma_i (i = 13, 14, 15, 16)$，具体如下：

$$\gamma_{13} = \frac{\sqrt{3c^2 + 18c + 24 + (4+c)\sqrt{c^2 + 8c + 12}}}{\sqrt{2(2c^2 + 9c + 9)}}$$

$$\gamma_{14} = \frac{-\sqrt{3c^2 + 18c + 24 + (4+c)\sqrt{c^2 + 8c + 12}}}{\sqrt{2(2c^2 + 9c + 9)}}$$

$$\gamma_{15} = \frac{\sqrt{3c^2 + 18c + 24 - (4+c)\sqrt{c^2 + 8c + 12}}}{\sqrt{2(2c^2 + 9c + 9)}}$$

$$\gamma_{16} = \frac{-\sqrt{3c^2 + 18c + 24 - (4+c)\sqrt{c^2 + 8c + 12}}}{\sqrt{2(2c^2 + 9c + 9)}}$$

引理 2-8　① $\gamma_{13} > 1$；② $\gamma_{14} < 0$；③ $0 < \gamma_{15} < 0.7507$；④ $\gamma_{16} < 0$。

命题 2-12　①当 $0 < \gamma < \gamma_{15} < 0.7507$ 时，$T_{2dc} > T_{2dd}$；②当 $\gamma_{15} < \gamma < 1$ 时，$T_{2dd} > T_{2dc}$。

证明：若竞争对手供应链采用分散化结构，则本链采用中心化结构与分散化结构的供应链系统绩效之差为

$$T_{2dd} - T_{2dc} = -2(2c^3 + 15c^2 + 36c + 27)(\gamma - \gamma_{13}\gamma - \gamma_{14})(\gamma - \gamma_{15})(\gamma - \gamma_{16})/[(c\gamma - c + 3\gamma - 4)^2(8 + 6c + c^2 - 3\gamma^2 - 4c\gamma^2 - c^2\gamma^2)^2]$$

因为 $\gamma_{13} > 1$，$\gamma_{14} < 0$，$0 < \gamma_{15} < 0.7507$，$\gamma_{16} < 0$，所以可得当 $0 < \gamma < \gamma_{15} < 0.7507$ 时，$T_{2dc} > T_{2dd}$；当 $\gamma_{15} < \gamma < 1$ 时，$T_{2dd} > T_{2dc}$。因此命题 2-12 得证。

命题 2-12 表明，若竞争对手供应链采用分散化结构，则价格竞争对供应链的纵向结构选择具有重要影响，而规模不经济效应影响价格竞争强度边界条件的范围，即若竞争对手供应链采用分散化结构，则当两条竞争性供应链之间的价格竞争相对较弱，其竞争强度小于 0.7507，且在 $(0, \gamma_{15})$ 范围内并严重依赖于规模不经济效应系数时，本供应链系统采用中心化结构的绩效高于采用分散化结构的绩效；而当价格竞争相对较激烈，其强度超过 γ_{15} 并严重依赖于规模不经济效应系数时，则分散化结构的本链系统绩效高于中心化结构时的系统绩效。

为了直观地观测价格竞争对各系统绩效改进的影响，令 $c = 1$，得到图 2-11。由图 2-11 可知：①不管竞争对手供应链采用分散化结构还是中心化结构，本链采用中心化结构时的系统利润改进空间随着价格竞争强度的加剧先增大而后减小，直至为负；②若两条竞争性供应链均由分散化结构转为采用中心化结构，则中心化结构带来的绩效改进空间随着价格竞争强度的加剧而逐渐减小，直至为负，说明分散化结构有利于供应链系统。

为了直观地观测规模不经济效应对系统绩效改进的影响，令 $\gamma = 0.5$，得到图 2-12。由图 2-12 可知，不管竞争对手供应链是中心化结构还是分散化结构，本链采用中心化结构改进系统的利润空间逐渐随着规模不经济效应的增强而减小，但可改进的利润空间均为正。而当两条竞争性供应链均为分散化结构时，采用中心化结构改进系统的利润空间为负，说明此时采用分散化结构对系统更有利。

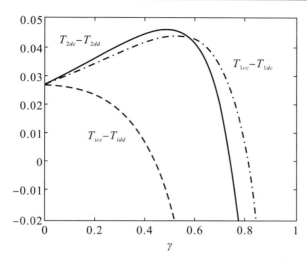

图 2-11　系统绩效改进量随竞争强度 γ 的变化

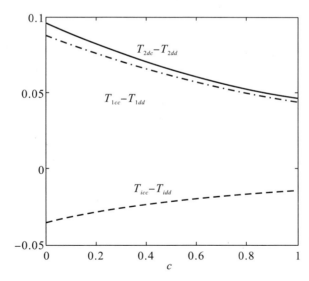

图 2-12　系统绩效改进量随规模不经济效应系数 c 的变化

由以上命题可得，供应链系统绩效角度的纵向结构演变过程及最终均衡结构选择分别如下：

引理 2—9 $0 < \gamma_8 < \gamma_{15} < \gamma_{11} < 0.9194$。

命题 2—13 ①当 $0 < \gamma < \gamma_8$ 时，纵向控制结构的动态演变过程为 $dd \to cd/dc \to cc$，cc 为最终的均衡控制结构，且 cc 为供应链的占优均衡结构；②当 $\gamma_8 < \gamma < \gamma_{15} < 0.7507$ 时，纵向控制结构的动态演变过程为 $dd \to cd/dc \to cc$，cc 为最终的均衡控制结构，但 cc 为囚徒困境；③当 $\gamma_{15} < \gamma < \gamma_{11} < 0.9194$ 时，纵向控制结构的动态演变过程为 $cd/dc \to dd$ 或者 $cd/dc \to cc$，且最终控制结构为 dd 或 cc；④当 $\gamma_{11} < \gamma < 1$ 时，纵向控制结构的动态演变过程为 $cc \to dc/cd \to dd$，dd 为最终的均衡控制结构，且 dd 为供应链的占优均衡结构。

命题 2—13 表明，当价格竞争强度相对较弱时，即其强度位于图 2—13 中区域 D 内，则纵向控制结构最终的均衡控制结构为具有占优均衡特征的中心化结构；当价格竞争强度相对适中时，即其强度位于图 2—13 中区域 E 内，则纵向控制结构为中心化结构，但该中心化结构会产生囚徒困境；当价格竞争非常激烈时，即其强度位于图 2—13 中区域 F 内，则最终的控制结构或为分散化结构或为中心化结构，具体依赖于纵向结构选择的路径；当价格竞争非常惨烈时，即其强度位于图 2—13 中区域 G 内，则分散化结构为竞争供应链的最终均衡结构，且该分散化结构为供应链的占优均衡结构，这不同于传统的分散化结构为一种次优选择的研究结论。

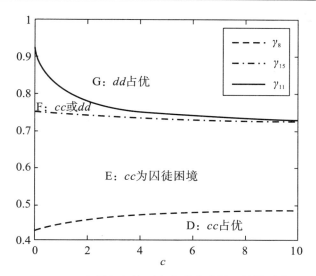

图 2-13　规模不经济对竞争强度边界函数的影响

同时由图 2-13 可知，规模不经济效应越强，则分散化结构占优和中心化结构占优的价格竞争强度区域随着规模不经济效应的增强而逐渐增大；而中心化结构所带来的囚徒困境区域，以及均为中心化结构或分散化结构的区域均随着规模不经济效应的增强而逐渐减小。该研究结论拓展和完善了 McGuire 和 Staelin（1983）的研究成果。

2.8　合同可观测与不可观测的对比

此节将比较合同不可观测与可观测时制造商的绩效大小比较，可得如下命题：

命题 2-14　$M_{1dd} < M_{1dd}^B, M_{1dc} < M_{1dc}^B, R_{1dd} > R_{1dd}^B, R_{1dc} > R_{1dc}^B$。

证明： 制造商在各种供应链结构下的绩效比较大小如下：

$$M_{idd} - M_{idd}^B = -\gamma^3(4c - 16\gamma - 5c\gamma + c\gamma^3 + 2\gamma^3 + 16)/[2(c\gamma - c + 3\gamma - 4)^2(c\gamma^3 - c\gamma^2 - 2c\gamma + 2c + 2\gamma^3 - 3\gamma^2 - 6\gamma + 8)^2]$$

因为 $4c - 16\gamma - 5c\gamma + c\gamma^3 + 2\gamma^3 + 16$ 关于 c 单调递增，且当 $c = 0$ 时，$-16\gamma + 2\gamma^3 + 16 > 0$，所以得到 $M_{idd} < M_{idd}^B$。

$$M_{1dc} - M_{1dc}^B = -\gamma^4(c + 1)^2(c + \gamma + c\gamma + 2)^2/[2(2 + c)(c\gamma^2 - c + \gamma^2 - 4)(c\gamma^2 - c + \gamma^2 - 2)(8 - 3\gamma^2 + 6c - 4c\gamma^2 + c^2 - c^2\gamma^2)^2] < 0$$

所以得到 $M_{1dc} < M_{1dc}^B$。

$$R_{idd} - R_{idd}^B = -\gamma^2(\gamma - 1)(4c - 12\gamma - 4c\gamma - 2c\gamma^2 + 2c\gamma^3 + 5\gamma^3 - 7\gamma^2 + 16)/[(c\gamma - c + 3\gamma - 4)^2(c\gamma^3 - c\gamma^2 - 2c\gamma + 2c + 2\gamma^3 - 3\gamma^2 - 6\gamma + 8)^2]$$

因为 $4c - 12\gamma - 4c\gamma - 2c\gamma^2 + 2c\gamma^3 + 5\gamma^3 - 7\gamma^2 + 16$ 关于 c 单调递增，且当 $c = 0$ 时，得到 $-12\gamma + 5\gamma^3 - 7\gamma^2 + 16 > 0$，则 $4c - 16\gamma - 5c\gamma + c\gamma^3 + 2\gamma^3 + 16 > 0$，所以得到 $R_{idd} > R_{idd}^B$。

$$R_{1dc} - R_{1dc}^B = -\gamma^2(c + 1)(c + \gamma + c\gamma + 2)^2(2c^2\gamma^2 - 2c^2 + 7c\gamma^2 - 12c + 5\gamma^2 - 16)/[(2 + c)^2(c\gamma^2 - c + \gamma^2 - 4)^2(8 - 3\gamma^2 + 6c - 4c\gamma^2 + c^2 - c^2\gamma^2)^2] < 0$$

因为 $2c^2\gamma^2 - 2c^2 + 7c\gamma^2 - 12c + 5\gamma^2 - 16$ 关于 c 递减，且当 $c = 0$ 时，$5\gamma^2 - 16 < 0$，所以得到 $R_{1dc} > R_{1dc}^B$。因此命题 2-14 得证。

命题 2-14 表明，若分散化链中的批发价格合同内容可被竞争对手所观测，则制造商的绩效会增加，而零售商的绩效会降低，即制造商偏爱提供可被观测的纵向合同，以便提前获悉市场上的批发价格竞争均衡；而零售商偏好制造商提供不可观测的合同，以防竞争对手获悉合同内容导致零售终端竞争加剧，利润下降。

引理 2-10　当 $0.682 < \gamma < 0.683$ 时，$c_6 > 0$；当 $\gamma > 0.683$，

或 $\gamma < 0.682$ 时，$c_6 < 0$。

命题 $2-15$　①当 $0.682 < \gamma < 0.683$ 时，$c > c_6 > 0$；当 $\gamma < 0.682$ 时，$T_{idd} > T_{idd}^B$。②当 $\gamma > 0.683$ 或当 $0.682 < \gamma < 0.683$，$0 < c < c_6$ 时，$T_{idd} < T_{idd}^B$。

证明：基于合同不可观测和可观测的分散化供应链系统绩效之差为

$$T_{idd} - T_{idd}^B = -\gamma^2(\gamma-1)(5\gamma^3-3\gamma^2-12\gamma+8)(c-c_6)/[2(4-c\gamma-3\gamma+c)^2(8+2\gamma^3-3\gamma^2+c\gamma^3-c\gamma^2-2c\gamma-6\gamma+2c)^2]$$

当 $0.682 < \gamma < 0.683$ 时，$c_6 > 0$；当 $\gamma > 0.683$ 或 $\gamma < 0.682$ 时，$c_6 < 0$。于是可得当 $0.682 < \gamma < 0.683$，$c > c_6 > 0$ 或当 $\gamma < 0.682$ 时，$T_{idd} > T_{idd}^B$；当 $\gamma > 0.683$ 或当 $0.682 < \gamma < 0.683$，$0 < c < c_6$ 时，$T_{idd} < T_{idd}^B$。因此命题 $2-15$ 得证。

命题 $2-15$ 表明，当横向竞争相对适中，竞争强度在 $(0.682, 0.683)$ 内，且规模不经济效应较强（规模不经济效应系数超过 c_6）；或者当横向竞争相对较弱（竞争强度小于 0.682），且无论规模不经济程度如何，对分散化的竞争供应链系统而言，提供不可观测的批发价格合同更有利。同时，当横向竞争相对较激烈（竞争强度超过 0.683），且无论规模不经济程度如何；或者当横向竞争相对适中，且规模不经济效应相对较弱，则可观测的批发价格合同能给分散化的竞争供应链系统带来更高的利润。

命题 $2-14$ 和 $2-15$ 表明，虽然制造商偏好提供可观测的合同，零售商偏好制造商提供不可观测的合同，均不受横向竞争和制造商规模不经济的影响，但从分散化竞争供应链系统来讲，是否提供可观测的纵向合同与否，与供应链间的横向竞争强度和制造商的规模不经济程度密切相关。若横向竞争较弱，则应提供不可观测的合同，较弱的横向外部性不会影响到纵向双重加价行为；若横向竞争非常激烈，较强的外部性会影响到纵向合同价格的制定，应提供可被竞争对手观测的纵向合同给零售商，以弱化终端竞争；若横向竞争相对适中，且制造商规模不经济成本相对较高，则批发价格较高，应提供不可观测的批发价格合同以获得相对较高的供应链系统绩效，或者规模不经济成本较低，则提供可观测的批发价格对供应链系统更有利。

2.9　本章小结

本章考察了价格竞争和规模不经济效应对链与链纵向控制结构选择的影响，并根据纵向合同的可观测和不可观测两方面分别从制造商角度和供应链系统角度识别出纵向控制结构的动态演变过程及最终均衡结构，得到如下结论。

2.9.1　当纵向合同不可观测时

（1）从制造商的角度考察，仅当竞争对手采用中心化结构时，本供应链中的制造商会选择中心化结构，且不受横向价格竞争强度和规模不经济因素的影响；而其他情形时的纵向控制结构选择，则只受横向价格竞争的影响，规模不经济因子仅会影响价格竞争强度的边界函数值。同时，当价格竞争不是太激烈，且竞争边界函数又严重依赖于规模不经济效应时，则中心化结构为占优均衡结构；当价格竞争较激烈时，则采用中心化结构会出现制造商绩效的囚徒困境；当价格竞争非常惨烈时，两条供应链均采用分散化结构或者当竞争对手采用分散化结构而本链选择分散化结构更有利制造商避开终端激烈的价格竞争，由此导致了价格竞争非常激烈且严重依赖于规模不经济效应时的最终均衡结构或为分散化或为中心化，具体依赖于纵向结构选择的路径。

（2）从竞争供应链系统的角度考察，不管竞争对手供应链采用何种纵向结构，本供应链纵向结构的选择仅受横向价格竞争强度的影响，但规模不经济因子会影响横向价格竞争强度的边界函数值。同时，当价格竞争强度较弱（竞争边界函数依赖于规模不经济效应）相对时，中心化结构为占优结构；而当价格竞争强度相对适中时，中心化结构会产生囚徒困境；当价格竞争非常激烈时，则最终的控制结构为分散化结构或中心化结构，具体依赖于纵向结构选择的路径；当价格竞争非常惨烈且严重依赖于规模不经济效应时，则分散化结构为供应链的占优均衡结构，这不同于传统的研究结论。

2.9.2　当纵向合同可被观测时

从制造商的角度考察，仅若竞争对手供应链采用中心化结构，则本链采用中心化结构时的制造商绩效高于采用分散化结构时的制造商绩效，且不受横向竞争强度和制造商规模不经济效应的影响。而其他情形时的纵向控制结构选择，则受横向价格竞争和规模不经济因子的双重影响。当横向竞争相对较为激烈，且制造商的规模不经济效应较强时，采用中心化结构时的制造商绩效高于分散化结构时的制造商绩效；当横向竞争相对较弱，则不管制造商规模不经济程度如何，对于制造商而言，中心化结构优于分散化结构；当规模不经济效应较弱并严重依赖于价格竞争强度，且价格竞争强度在（0.708,1）范围内时，则分散化结构时的制造商绩效高于中心化结构时的制造商绩效。

2.9.3　纵向合同不可被观测与可被观测的结论对比

（1）当竞争对手供应链采用中心化结构时，本供应链中的制造商偏好中心化结构而非分散化结构，不受横向竞争强度、制造商规模不经济效应，以及批发价格合同的可观测性与否所影响。

（2）当竞争对手供应链采用分散化结构时，本供应链进行纵向控制结构的选择会因纵向合同的可观测与否，而受到规模不经济和竞争强度的不同影响。若合同可观测，则制造商选择纵向控制结构受规模不经济和横向竞争双重影响；若合同不可观测，则仅受横向竞争影响，但横向竞争强度边界函数受规模不经济因素的影响。

（3）制造商偏好提供可观测的合同，零售商偏好制造商提供不可观测的合同，均不受横向竞争和制造商规模不经济的影响，但从分散化竞争供应链系统来讲，是否提供可观测的纵向合同与否，与供应链间的横向竞争强度和制造商的规模不经济程度密切相关。若横向竞争较弱，则应提供不可观测的合同，较弱的横向外部性不会影响到纵向双重加价行为；若横向竞争非常激烈，较强的外部性会影响到纵向合同价格的制定，应提供可被竞争对手观测的纵向合同给零售商，以弱化终端竞争；若横向竞争相对适中，且制造商规模不经济成本相对较高，则批发价格较高，应提供不可观测的批发价格合同以获得相对较高的供应链系统绩效，或者规模不经济成本较低，则提供可观测的批发价格对供应链系统更有利。

本章考虑了制造商的规模不经济成本，其研究结论拓展和完善了 McGuire 和 Staelin（1983）等的研究成果，为企业实践提供参考借鉴价值。但也存在不足，即未考虑需求的不确定性、零售商的销售成本和库存成本等对纵向控制结构选择的影响，需做进一步研究。

第3章　链与链基于数量竞争和规模不经济的纵向结构选择

为了更好地与第 2 章规模不经济和价格竞争环境的纵向控制结构选择进行对比，本章将基于链与链的数量竞争环境，考察制造商规模不经济时的纵向控制结构选择和博弈均衡演化特征，识别制造商及供应链系统在不同竞争环境下进行纵向控制结构选择的异同，为规模不经济企业的纵向控制结构选择提供理论支持作用。

3.1　基本模型

本章考察两个制造商与两个排他性零售商构成的竞争性供应链的纵向结构选择，每条供应链的制造商和零售商之间展开以制造商为领导者的斯塔克伯格博弈，所以该环境下的博弈顺序为：首先，制造商选择渠道控制结构，若选择分散化结构，则制造商提供批发价格；其次，零售商根据批发价格合同选择订货量；最后制造商满足订单，零售商满足市场需求，从而形成横向竞争市场。基于经济学原理，两个具有替代性产品的价格函数[23]如下：

$$p_i = a - d_i - \gamma d_j \tag{3-1}$$

式中，a 为潜在市场需求规模；d_i 为第 i 条供应链的产品订货量；p_i 为第 i 条供应链的产品价格；γ 为两种替代产品的交叉价格需求边际系数，即两条供应链的竞争强度，且 $0 < \gamma < 1$；$j = 3 - i$，$i \in \{1, 2\}$。

由经济学原理知，制造商的规模不经济生产成本为 $cd_i^2/2$，其中 c 为大于零的常数。同时为了更好地研究主题，假定：①两条竞争性供应链之间的合同是可以观测的；②供应链中的其他成本如销售成本、库存成本等均为零，原因为主要考察规模不经济生产成本对纵向结构选择的影响。基于数量竞争和规模不经济的模型分析分别从集中决策、分散化决策、分散与集中决策结合三个方面展开。

3.2 基于不同控制结构的均衡计算

3.2.1 集中决策的链与链竞争模型

基于规模不经济和数量竞争的模型分析，首先考虑集中决策的链与链竞争模型，两条竞争性供应链的集中决策利润函数均为

$$M_i = (a - d_i - \gamma d_j)d_i - cd_i^2/2 \qquad (3-2)$$

由式（3-2）可得最优订货数量为

$$d_i = (a - \gamma d_j)/(2 + c) \qquad (3-3)$$

因两条竞争性供应链之间的合同是可以观测的，所以零售商 j 的订货数量为

$$d_j = (a - \gamma d_i)/(2 + c) \qquad (3-4)$$

将 d_i 和 d_j 函数联立求得数量竞争均衡为

$$d_i = d_j = a/(2 + c + \gamma) \qquad (3-5)$$

将 d_i 和 d_j 代入中心化控制结构的利润函数，并将此时的结构标记为 cc，可得

$$M_{icc} = T_{icc} = \frac{a^2(2 + c)}{2(2 + c + \gamma)^2} \qquad (3-6)$$

3.2.2　分散化决策的链与链竞争模型

基于分散化决策的链与链竞争模型分析，可由零售商和制造商的利润函数为

$$R_i = (a - d_i - \gamma d_j)d_i - w_i d_i \qquad (3-7)$$

求出最优订货量为

$$d_i = (a - \gamma d_j - w_i)/2 \qquad (3-8)$$

因为两条竞争性供应链之间的合同是可以观测的，所以可以求出两个零售商的订货量分别为

$$d_i = (2 - \gamma)(a - w_i)/(4 - \gamma^2) \qquad (3-9)$$

$$d_i = (2 - \gamma)(a - w_j)/(4 - \gamma^2) \qquad (3-10)$$

将订货数量均衡函数代入制造商的利润函数得

$$M_i = w_i d_i - c d_i^2/2 \qquad (3-11)$$

于是可得数量竞争均衡函数、批发价格函数、最大利润函数，并将分散化结构标记为 dd：

$$d_{idd} = 2a/(8 + 2c + 2\gamma - \gamma^2) \qquad (3-12)$$

$$w_{idd} = a(4 + 2c - \gamma^2)/(8 + 2c + 2\gamma - \gamma^2) \qquad (3-13)$$

$$M_{idd} = 2a^2(4 + c - \gamma^2)/(8 + 2c + 2\gamma - \gamma^2)^2 \qquad (3-14)$$

$$R_{idd} = 4a^2/(8 + 2c + 2\gamma - \gamma^2)^2 \qquad (3-15)$$

$$M_{idd} = 2a^2(6 + c - \gamma^2)/(8 + 2c + 2\gamma - \gamma^2)^2 \qquad (3-16)$$

3.2.3　分散与集中决策结合的链与链竞争模型

假定第一条供应链的结构为分散化结构，第二条供应链的结构为中心控制结构，则第一条供应链中零售商的利润函数为

$$R_1 = (a - d_1 - \gamma d_2)d_1 - w_1 d_1 \qquad (3-17)$$

第二条供应链中心控制结构系统利润为

$$M_2 = (a - d_2 - \gamma d_1)d_2 - c d_2^2/2 \qquad (3-18)$$

由式（3-17）和式（3-18）求出竞争性供应链的数量竞争

均衡如下：

$$d_1 = \frac{(c+2-\gamma)a - (2+c)w_1}{4+2c-\gamma^2} \tag{3-19}$$

$$d_2 = \frac{(2-\gamma)a + \gamma w_1}{4+2c-\gamma^2} \tag{3-20}$$

第一条供应链中制造商利润函数为

$$M_1 = w_1 d_1 - c d_1^2/2 \tag{3-21}$$

将 d_1 和 d_2 代入式（3-21），可以求出最大利润函数，并将混合结构标记为 dc：

$$d_{1dc} = \frac{a(2+c-\gamma)}{8+6c+c^2-2\gamma^2} \tag{3-22}$$

$$d_{2dc} = \frac{a(8+6c+c^2-c\gamma-2\gamma-\gamma^2)}{(2+c)(8+6c+c^2-2\gamma^2)} \tag{3-23}$$

$$w_{1dc} = \frac{a(2+c-\gamma)^2(2+c+\gamma)}{(2+c)(8+2c+2\gamma-\gamma^2)} \tag{3-24}$$

$$R_{1dc} = \frac{a^2(2+c-\gamma)^2}{(8+6c+c^2-2\gamma^2)^2} \tag{3-25}$$

$$M_{1dc} = \frac{a^2(2+c-\gamma)^2}{2(2+c)(8+6c+c^2-2\gamma^2)} \tag{3-26}$$

$$T_{1dc} = \frac{a^2(2+c-\gamma)^2(12+8c+c^2-2\gamma^2)}{2(2+c)(8+6c+c^2-2\gamma^2)^2} \tag{3-27}$$

$$M_{2dc} = T_{2dc} = \frac{a^2(8+6c+c^2-c\gamma-2\gamma-\gamma^2)^2}{2(2+c)(8+6c+c^2-2\gamma^2)^2} \tag{3-28}$$

3.3　竞争性供应链的纵向结构选择分析

3.3.1　基于制造商绩效的纵向结构选择

命题 3-1　$M_{1cc} > M_{1dc}$，$M_{2dc} > M_{2dd}$，$M_{icc} > M_{idd}$。

证明：制造商各绩效比较值如下：

$M_{1cc} - M_{1dc} = a^2(16 + 24c + 12c^2 + 2c^3 - \gamma^4)/[2(c + 2 + \gamma)^2(2 + c)(8 - 2\gamma^2 + 6c + c^2)] > 0$

$M_{2dc} - M_{2dd} = a^2[8c^5 + (128 - 8\gamma^2 + 4\gamma^3 + \gamma^4)c^4 + (800 - 112\gamma^2 + 8\gamma^4 - 2\gamma^5 + 40\gamma^3)c^3 + (2423 - 20\gamma^5 - \gamma^6 + 36\gamma^4 + 128\gamma^3 - 576\gamma^2)c^2 + (3584 - 1280\gamma^2 + 112\gamma^4 - 4\gamma^6 - 40\gamma^5 + 2\gamma^7 + 128\gamma^3)c + 2048 + 144\gamma^4 - 8\gamma^6 - 1024\gamma^2 + \gamma^8]/[2(2c - \gamma^2 + 2\gamma + 8)^2(2 + c)(8 - 2\gamma^2 + 6c + c^2)^2] > 0$

$M_{icc} - M_{idd} = a^2[(64 - 24\gamma^2) + (48 - 8\gamma^2 + \gamma^4 + 4\gamma^3)c^2 + 8c^2 + 8\gamma^3 + 6\gamma^4]/[2(c + 2 + \gamma)^2(8 - \gamma^2 + 2c + 2\gamma)] > 0$

因此命题 3-1 得证。

命题 3-1 表明，无论竞争对手供应链采用中心化结构还是分散化结构，本链采用中心化结构时的制造商绩效高于采用分散化结构时的制造商绩效。

为了直观地观测数量竞争强度和规模不经济效应对制造商实现 Pareto 绩效改进范围的影响，首先令 $a = 1$，$c = 2$，观测分散化结构中制造商的绩效改进范围与数量竞争强度 γ 的关系，如图 3-1 所示。由图 3-1 可知，数量竞争强度越强，分散化结构中制造商绩效的可改进范围越小，且 $M_{icc} - M_{idd}$ 的绩效改进范围最小并随着规模不经济效应的增强下降速度最快，而 $M_{2dd} - M_{2dc}$ 的绩效改进范围最大并随着规模不经济效应的增强下降速度最慢，$M_{1cc} - M_{1dc}$ 的绩效改进范围大小居于 $M_{icc} - M_{idd}$ 和 $M_{2dd} - M_{2dc}$ 之间，其下降速度也居于两者之间。

其次，令 $a = 1$，$\gamma = 0.5$，观测分散化结构中制造商的绩效改进范围与规模不经济效应系数 c 的关系，如图 3-2 所示。由图 3-2 可知，规模不经济效应越强，制造商的绩效改进范围越小，且 $M_{2dd} - M_{2dc}$ 的绩效改进范围随着规模不经济效应的增强而下降得最快，而 $M_{icc} - M_{idd}$ 的绩效改进范围随着规模不经济效应的增强而下降得最慢。同时，$M_{2dd} - M_{2dc}$ 的绩效改进范围最大，$M_{icc} - M_{idd}$ 的绩效改进范围最小，而 $M_{1cc} - M_{1dc}$ 的绩效改进范围居于 $M_{2dd} - M_{2dc}$ 与 $M_{icc} - M_{idd}$ 之间。

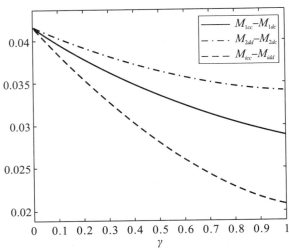

图 3-1　当 $a=1$，$c=2$ 时制造商利润与数量竞争强度 γ 的关系图

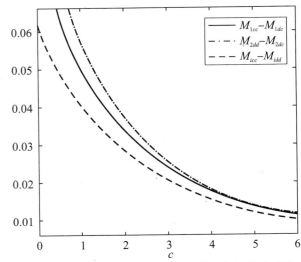

图 3-2　当 $a=1$，$\gamma=0.5$ 时制造商利润与规模不经济效应系数 c 的关系图

综合图 3-1 和图 3-2 可知，在这两种情形下，$M_{2dd} - M_{2dc}$

的绩效改进范围最大，$M_{icc}-M_{idd}$ 的绩效改进范围最小，而 $M_{1cc}-M_{1dc}$ 的绩效改进范围居于前两者之间，且均随着规模不经济效应系数和数量竞争强度的增大而减小。

由命题 3-1 容易得到命题 3-2。

命题 3-2 从制造商的角度考虑，则纵向控制结构的动态演变过程为 $dd \rightarrow cd/dc \rightarrow cc$，$cc$ 为最终的均衡控制结构，且 cc 构成的纵向控制结构为供应链的占优均衡结构。

证明：因为 $M_{1cd} > M_{1dd}$（由 $M_{2dc} > M_{2dd}$ 及对称性可得），$M_{1cc} > M_{1dc}$，则可得到纵向控制结构的动态演变过程为 $dd \rightarrow cd/dc \rightarrow cc$，且 $M_{icc} > M_{idd}$，所以可知最终的均衡控制结构为 cc，且该结构为竞争性供应链的占优结构。

命题 3-2 表明，从制造商的绩效角度考虑，竞争供应链的纵向结构选择不受数量竞争强度和规模不经济效应的影响，其最终均衡结构为中心决策的中心化结构，且该结构为占优均衡结构。同时，制造商角度的控制结构选择不受横向竞争的影响，而 McGuire（1983）的研究则受横向竞争的影响。

3.3.2 基于每个供应链系统绩效的纵向结构选择

记 $T_{idd} = T_{icc}$ 的解为 c_1，如下：

$$c_1 = -2(3\gamma^2 + 4\gamma - 4)/(\gamma^2 + 4\gamma - 4)$$

引理 3-1 当 $2/3 < \gamma < 2(\sqrt{2}-1)$，即 $0.667 < \gamma < 0.828$ 时，$c_1 > 0$，且 $\partial c_1/\partial \gamma > 0$。

命题 3-3 ①当 $0.667 < \gamma < 0.828$ 且 $0 < c < c_1$ 时，$T_{idd} > T_{icc}$；②当 $0 < \gamma < 0.828$ 且 $c > \max(c_1, 0)$ 时，$T_{icc} > T_{idd}$。

证明：$T_{idd} - T_{icc}$ 的值如下：

$$T_{idd} - T_{icc} = a^2(2-\gamma)(\gamma+2)(\gamma^2+4\gamma-4)(c-c_1)/[(2c+2\gamma+8-\gamma^2)^2(c+\gamma+2)^2]$$

于是可得当 $0.667 < \gamma < 0.828$ 且 $0 < c < c_1$ 时，$T_{idd} > T_{icc}$；

当 $0<\gamma<0.828$ 且 $c>\max(c_1,0)$ 时，$T_{icc}>T_{idd}$。因此命题 3-3 得证。

命题 3-3①表明，分散化的控制结构有利于规避较激烈的数量竞争带来的负面效应，而中心化的控制结构有利于避开较强的规模不经济效应。具体为当数量竞争强度较强，在 $(0.667,0.828)$ 范围内，但规模不经济效应相对较弱，其系数在 $(0,c_1)$ 范围内时，如图 3-3 中区域 Ⅰ 所示，则分散化结构时供应链的绩效高于中心化结构时供应链的绩效。由图 3-3 中区域 Ⅰ 可以看出，规模不经济效应系数范围 $(0,c_1)$ 随着数量竞争强度在 $(0.667,0.828)$ 范围内的不断加剧而逐渐增大，表明分散化结构时供应链的绩效高于中心化结构时供应链的绩效的范围随着数量竞争强度的加强而逐渐增强。

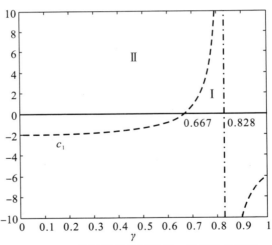

图 3-3　c_1 关于数量竞争强度 γ 的函数曲线图

命题 3-3②表明，当数量竞争强度在 $(0,0.828)$ 范围内，且规模不经济效应相对较强，其系数在正的 $(c_1,+\infty)$ 范围内时，如图 3-3 中区域Ⅱ所示，则中心化结构时供应链的绩效高于分散化结构时供应链的绩效。由图 3-3 可知，区域Ⅱ随着数量竞争强度的不断加剧而逐渐减小,表明中心化结构时供应链的绩效高于分散化结构时供应链的绩效的范围逐渐减小,也即分散化结构时供应链的绩效高于中心化结构时供应链的绩效的范围逐渐增强。

由命题 3-3 基于数量竞争强度和规模不经济效应得到的系统绩效结论显著拓展了 McGuire(1983)基于价格竞争的研究成果(即当价格竞争强度为超过 0.432,则分散化绩效大于中心化绩效;反之,则中心化绩效大于分散化绩效)。

为了直观地观测 T_{idd} 与 T_{icc} 的关系,令 $a=1$,$\gamma=0.7$,得到 T_{idd} 和 T_{icc} 与规模不经济生产成本的函数关系,如图 3-4 所示。当规模不经济效应较弱时,如图 3-4 中区域 XI 所示,则分散化结构的链条绩效高于中心化结构的链条绩效,且随着规模不经济程度增强,分散化结构中链条绩效高于中心化结构中链条绩效的范围逐渐减小;当规模不经济效应较强时,如图 3-4 中区域 XII 所示,则中心化结构的链条绩效高于分散化结构的链条绩效,且随着规模不经济程度增强,中心化结构中链条绩效高于分散化结构中链条绩效的范围逐渐增大。

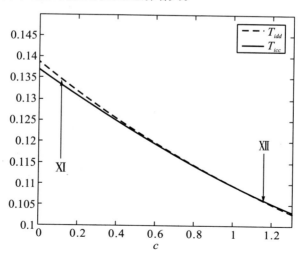

图 3-4　当 $a=1$,$\gamma=0.7$ 时 T_{idd} 和 T_{icc} 与 c 的关系图

命题 3-3 表明，当竞争非常激烈时，通过技术革新改进工艺或提供管理能力等降低生产规模不经济所带来的高成本，依然可以保证均为分散化结构的链条绩效高于均为中心化结构的链条绩效，该结论与分散化结构绩效低于中心化结构绩效，从而需要引入合同进行协调的传统观点不同；若不能降低生产规模不经济导致的高成本，则采用中心化结构可保证其链条绩效高于采用分散化结构的链条绩效，或者说当竞争非常激烈、规模不经济、生产成本又高时，采用中心化结构有利于链条绩效的改进。

命题 3-4　$T_{1cc} > T_{1dc}$，$T_{2dc} > T_{2dd}$。

证明：$T_{1cc} - T_{1dc}$ 和 $T_{2dc} - T_{2dd}$ 的值如下：

$$T_{1cc} - T_{1dc} = a^2[(64 - 12\gamma^4 + 2\gamma^6) + (128 - 8\gamma^4)c + (96 - 12\gamma^4)c^2 + 32c^3 + 4c^4]/[2(c + 2 + \gamma)^2(2 + c)(8 - 2\gamma^2 + 6c + c^2)^2] > 0$$

即 $T_{1cc} > T_{1dc}$。

$$T_{2dc} - T_{2dd} = a^2[(\gamma^4 + 16 + 4\gamma^3 - 8\gamma^2)c^4 + (192 - 2\gamma^5 + 8\gamma^4 - 80\gamma^2 + 40\gamma^3)c^3 + (832 - \gamma^6 + 36\gamma^4 - 320\gamma^2 + 128\gamma^3 - 20\gamma^5)c^2 + (128\gamma^3 + 1536 - 640\gamma^2 + 2\gamma^7 + 80\gamma^4 - 40\gamma^5 - 4\gamma^6)c + 1024 + \gamma^8 - 512\gamma^2 + 80\gamma^4 - 8\gamma^6]/[2(2c + 2\gamma + 8 - \gamma^2)^2(2 + c)(8 - 2\gamma^2 + 6c + c^2)^2] > 0$$

即 $T_{2dc} > T_{2dd}$。因此命题 3-4 得证。

命题 3-4 表明，无论竞争对手供应链选择中心控制结构还是分散化结构，本链选择中心化结构的链条绩效高于分散化结构的链条绩效。该研究结论显著不同于 McGuire（1983）的研究结果（即当价格竞争强度小于 0.771，竞争对手供应链采用分散化结构时，本链采用中心化结构的系统绩效高于采用分散化结构的系统绩效）。

结合命题 3-4 和命题 3-5，令 $a = 1$，$c = 2$，直观地观测数量竞争强度 γ 对链条绩效改进范围的影响，如图 3-5 所示。由

图 3-5 可知，$T_{2dc} > T_{2dd}$ 的改进范围最大，$T_{icc} > T_{idd}$ 的改进范围最小，$T_{1cc} > T_{1dc}$ 的改进范围居于 $T_{2dc} > T_{2dd}$ 和 $T_{icc} > T_{idd}$ 之间，且随着数量竞争强度的加强，三者的改进范围均逐渐减小，但 $T_{icc} > T_{idd}$ 的改进范围减小得最快。

同时，为了直观地观测规模不经济效应系数 c 对链条绩效改进范围的影响，令 $a = 1$，$\gamma = 0.8$，得到图 3-6。由图 3-6 可知，当规模不经济效应未超过一定值时，$T_{2dc} > T_{2dd}$ 的改进范围大于 $T_{1cc} > T_{1dc}$ 的改进范围；但当规模不经济效应超过一定值时，则 $T_{1cc} > T_{1dc}$ 的改进范围大于 $T_{2dc} > T_{2dd}$ 的改进范围；$T_{idd} > T_{icc}$ 的改进范围最小，且随着规模不经济效应的增强，三者改进范围均逐渐减小，但 $T_{idd} > T_{icc}$ 的改进范围减小得最慢。

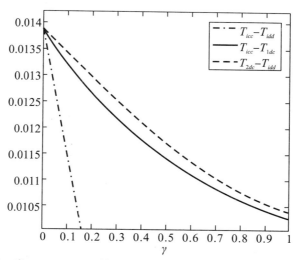

图 3-5　当 $a = 1$，$c = 2$ 时数量竞争强度 γ 对链条绩效改进范围的影响

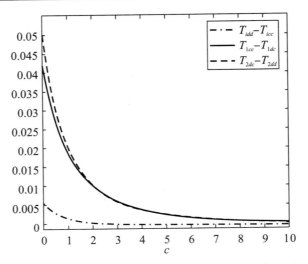

图3-6 当 $a=1$，$\gamma=0.8$ 时规模不经济效应系数 c 对链条绩效改进范围的影响

由命题3-3和3-4可得到命题3-5。

命题3-5 ①当 $0<\gamma<0.828$ 且 $c>\max(c_5,0)$ 时，纵向控制结构动态演变过程为 $dd\rightarrow cd/dc\rightarrow cc$，$cc$ 为最终的均衡控制结构，且 cc 构成的纵向控制结构为供应链的占优均衡结构。②当 $0.667<\gamma<0.828$ 且 $0<c<c_5$ 时，纵向控制结构动态演变过程为 $dd\rightarrow cd/dc\rightarrow cc$，$cc$ 为最终的均衡控制结构，但 cc 构成的纵向控制结构为囚徒困境。

证明： 由 $T_{1dc}<T_{1cc}$，$T_{2dd}<T_{2dc}$（相对于 $T_{1dd}<T_{1cd}$）知，纵向结构演变过程为 $dd\rightarrow cd/dc\rightarrow cc$，所以最终均衡控制结构为 cc。

当 $0<\gamma<0.828$ 且 $c>\max(c_5,0)$ 时，$T_{1dd}<T_{icc}$，则可知 cc 控制结构为供应链的占优控制结构。

当 $0.667<\gamma<0.828$ 且 $0<c\leqslant\max(c_5,0)$ 时，$T_{idd}\geqslant T_{icc}$，则可知 cc 控制结构下的绩效并不大于 dd 结构下的绩效，

从而出现囚徒困境现象。因此命题 3-5 得证。

命题 3-5 表明，当数量竞争强度小于 0.828，且规模不经济效应相对较强时，则供应链系统的纵向控制结构最终为中心化的控制结构，且该结构为实现了供应链绩效的 Pareto 改进的占优均衡结构，即中心化的控制结构有利于改善激烈的数量竞争和较强的规模不经济效应所带来的负面效应。受规模不经济和数量竞争因素的影响，该研究结论包含了 McGuire（1983）的研究结果（即当价格竞争强度小于 0.432 时为中心化的控制结构占优，也即分散化结构可使两条供应链之间避开可能残酷的价格竞争）。

当数量竞争比较激烈，且其强度在适度范围内，但规模不经济效应相对较弱时，则供应链系统的纵向控制结构最终为中心化的控制结构，但此结构为竞争供应链的囚徒困境。受规模不经济和数量竞争因素影响，该研究结论的竞争强度范围与 McGuire（1983）的竞争强度范围（0.432，0.771）不一样。

为方便与 McGuire（1983）的研究结果进行对比分析，考察规模不经济效应不存在时的纵向控制结构选择，得到如下推论。

推论 3-1　①若 $c=0$，则当 $0<\gamma<0.667$ 时，纵向控制结构动态演变过程为 $dd \rightarrow cd/dc \rightarrow cc$，$cc$ 为最终的均衡控制结构，且 cc 构成的纵向控制结构为供应链的占优均衡结构；②若 $\gamma=1$ 或 $c=0$ 且 $0.667<\gamma<1$ 时，则纵向控制结构动态演变过程为 $dd \rightarrow cd/dc \rightarrow cc$，$cc$ 为最终的均衡控制结构，但 cc 构成的纵向控制结构为囚徒困境结构。

证明：若规模不经济效应系数 $c=0$，则

$$T_{idd} - T_{icc} = \frac{-a^2(\gamma-2/3)(\gamma-2)}{(\gamma-4)^2(\gamma+2)^2}$$

所以当 $0<\gamma<0.667$ 时，$T_{idd}<T_{icc}$；当 $0.667<\gamma<1$ 时，$T_{idd}>T_{icc}$。

若 $\gamma=1$，则

$$T_{idd} - T_{icc} = \frac{3a^2(6+c)}{2(2c+9)^2(c+3)^2} > 0$$

即 $T_{idd} > T_{icc}$。

于是由 $T_{1dc} < T_{1cc}$，$T_{2dd} < T_{2dc}$（相对于 $T_{1dd} < T_{1cd}$）可知纵向结构演变过程为 $dd \to cd/dc \to cc$，cc 构成的中心化控制结构为最终均衡结构。又若 $c = 0$，当 $0 < \gamma < 0.667$ 时，则 $T_{idd} < T_{icc}$，于是中心化的控制结构为供应链的占优均衡结构；若 $\gamma = 1$ 或 $c = 0$ 且 $0.667 < \gamma < 1$ 时，则 $T_{idd} > T_{icc}$，于是中心化的控制结构出现了囚徒困境现象。因此推论 3-1 得证。

推论 3-1① 表明，若规模不经济效应不存在，则当横向竞争强度 γ 在 $(0, 0.667)$ 范围内时，两条竞争性供应链的纵向结构为占优的中心化控制结构。

推论 3-1② 表明，若两条竞争性供应链的产品完全替代，或者规模不经济效应不存在且数量竞争强度 γ 在 $(0.667, 1)$ 范围内时，则纵向均衡控制结构为中心化结构，但该中心化结构给竞争性供应链带来的绩效为囚徒困境。

由推论 3-1 可知，当没有规模不经济效应时，与 McGuire (1983) 的研究结论相比，其结论为：不管是数量竞争还是价格竞争，当横向竞争强度较弱时，采用中心化结构更能改善系统绩效，只是本书的数量竞争强度的条件范围 $(0, 0.667)$ 与 McGuire (1983) 的价格竞争强度范围 $(0, 0.432)$ 大小不一。由命题 3-5 和推论 3-1 可知，受规模不经济效应和数量竞争的影响，纵向结构选择的条件与传统基于价格竞争的纵向结构选择条件不一样。

3.4 本章小结

本章通过构建两个制造商对应两个排他性零售商的链与链竞

争模型，考察了数量竞争和规模不经济因子对纵向控制结构绩效的影响，并从制造商角度和供应链系统角度识别了纵向控制结构的动态演变过程及占优均衡和囚徒困境。

3.4.1　基于制造商角度的纵向控制结构选择

无论竞争对手供应链的结构如何，本供应链纵向控制结构的选择不受数量竞争和规模不经济因素的影响，其纵向均衡结构是具有占优性质的中心化结构，且实现了制造商绩效的 Pareto 改进。该结论不同于第 2 章基于价格竞争环境下的研究结果。第 2 章分别考察了批发价格合同可观测与不可观测两种情形时的纵向控制结构选择。当批发价格合同可观测时，纵向控制结构选择受规模不经济和横向竞争双重影响；当批发价格合同不可观测时，纵向控制结构选择仅仅直接受横向竞争强度影响，规模不经济仅影响横向竞争强度边界函数值。

3.4.2　从竞争供应链的角度考察

（1）无论竞争对手供应链采用何种纵向控制结构，本供应链系统采用中心化结构优于分散化结构，且不受横向竞争强度和规模不经济效应的影响。该结论不同于第 2 章价格竞争环境下供应链系统对纵向控制结构选择的研究成果。

（2）若两条竞争供应链均采用相同的控制结构，当数量竞争相对比较激烈，且可通过技术革新改进工艺或提供管理能力等降低了生产规模不经济效应，即横向外部性超过纵向外部性，分散化结构的链条绩效高于中心化结构的链条绩效。该结论与传统观点不同（分散化结构绩效低于中心化结构绩效，从而需要引入合同进行协调）。结合上述结论（1），此时的中心化结构会产生囚徒困境。

（3）若两条竞争供应链均采用相同的控制结构，当数量竞争较弱，而规模不经济效应较强时，则供应链系统会剔除中间渠道商，削弱双重加价效应，直接制订终端零售价格，此时的中心化结构是实现系统绩效 Pareto 改进的占优均衡控制结构。

本章研究结论充分拓展了第 2 章的研究内容，也充分完善了McGuire（1983）的研究成果，为链与链竞争环境下规模不经济企业进行纵向控制结构选择提供了理论基础和参考价值。

第4章 合同不可观测和规模不经济的链与链竞争纵向合同选择

本章将基于链与链的数量竞争环境，以批发价格合同为基准，分析制造商提供数量折扣合同或者纵向联盟的利润分享机制时的供应链绩效，然后从制造商和零售商绩效均改进的双赢角度，以及供应链系统绩效改进的角度，识别纵向合同参数设计的范围，并探索纵向合同选择的博弈均衡演化特征，以及数量竞争强度和规模不经济程度对合同设计的影响，为规模不经济企业提供纵向协调管理的理论基础和实践指导作用。

4.1 问题的提出

规模不经济是企业在经营管理过程中常会发生的现象，如1973年美国纽约证券交易所 74 个上市公司（包括 McDonald，Intel，Marriott 等不同行业的公司）的生产经营均存在规模不经济现象[2]。而随着市场竞争环境的日益加剧和科学技术的快速发展，以及消费者个性化需求带来的波动风险，这些企业所面临的市场竞争已逐渐由企业之间的竞争演变为供应链间的竞争。例如，麦当劳和肯德基在中国快餐市场通过培养本地上游供应商和下游加盟商进行的产业链竞争；中石油和中石化通过采用不同的经营模式（自营、特许经营、控股经营）进行的产业链竞争；通用和丰田于 2005 年在北美市场进行的供应链竞争；中国电信、中国联通和中国移动在手机阅读产业链进行的竞争（中国移动以分成制的形式与十大内容合作伙伴达成战略联盟，最早推出了手机阅读功能，中国联通和中国电信紧随其后，也纷纷抢占手机阅读市场）。那么，在供应链与供应链竞争环境环境下，规模不经济企业如何通过定价获得更多收益，并与上下游企业进行纵向博弈，该企业所在产业链又如何与竞争对手供应链进行横向竞争呢？

现有的关于链与链竞争文献主要集中在控制结构选择和纵向信息的分享方面，如 McGuire & Staelin[7] 最早基于需求确定环境下链与链竞争的纵向控制结构选择，发现当横向竞争较弱时，每个制造商都愿意采用公司自营渠道；而当横向竞争很激烈时，制造商更喜欢分散化的渠道分销系统。之后许多学者对其研究做了拓展，如 Coughlan[8]，Moorthy[9]，Tridedi[10]，Wu & Petruzzi，艾兴政 等[12-13]，Xiao & Yang[14]，李娟、黄培清 等[15]，Wu & Baron 等[18]，Ha & Tong[23,25]，Xiao & Yang[24] 等等。虽然有一些学者考虑了纵向合同，如 Chen[33] 和 Wu[34] 等，但所有这些文献并未考虑制造商的生产经营存在规模不经济时上下游企业实现双赢的合同设计。同时，考虑制造商的规模不经济因素后，规模不经济因素联合竞争因子会对合同的选择和设计会产生怎样的影响？是否和 McGuire & Staelin[7] 的结论一样？当横向竞争很激烈时，分散化的批发价格合同是否是最好的选择？抑或此时是否可以通过设置合理的纵向合同改善上下游绩效？本章将一一对这些问题进行解答。

4.2 基本模型

本章将研究两个制造商与两个排他性零售商构成的竞争性供

应链的纵向合同选择，其中制造商 1 和制造商 2 的生产均存在规模不经济现象，研究的合同包括批发价格合同、纵向联盟的利润分享合同，以及数量折扣合同。纵向联盟的利润分享合同和数量折扣合同在很多行业都得到利用，对于纵向联盟的利润分享合同，如电信运营商与其内容提供商达成的分成模式；又如企业年终时，会按企业总利润的一定比例提取一部分利润构成"分红基金"，然后根据雇员的业绩表现确定雇员的分配数额。对于数量折扣合同，如企业采购时的批量进货折扣。又如团购市场的 Groupon 模式：每天只推一款折扣产品，折扣在 2.5 折到 7.5 折之间；每人每天限拍一次，拍后获得商品优惠券，优惠券通过电子邮件发送；若参与团购人数的数量不够，则当天的团购优惠将被取消，即每次团购交易是否成功都依赖于足够数量的参与者，团购的数量决定团购折扣的实现。本书主要以批发价格合同为基准，考察采用复杂合同，如利润分享合同和数量折扣合同改善供应链绩效的条件，进而识别实现供应链绩效 Pareto 改进的合同设计机制和选择的博弈均衡演化。根据 Ha & Tong[23] 的研究，两类竞争性产品的逆需求函数如下：

$$p_i = a - q_i - \gamma q_j, 0 < \gamma < 1, j = 3 - i, i \in \{1,2\} \quad (4-1)$$

式中，a 为最高可行零售价格；q_i 为第 i 条供应链的产品需求量；p_i 为第 i 条供应链的产品零售价格；γ 代表两产品的替代程度，也可表示两条供应链间的数量竞争强度，且 γ 越大，表明两条供应链间的竞争越激烈。制造商的规模不经济成本可设为 $cq_i^2/2$，其中 c 为大于零的常数，此刻画形式可参考文献 Ha & Tong[25]，Wang & Seidmann[91]，Anand & Mendelson[92] 等。同时，为了更好地研究主题，假定：①两条竞争供应链为成熟竞争供应链，且地位对等；②纵向合同内容不可被竞争对手所观测，即合同具有不可观测性；③每条供应链中的其他成本如销售成本、库存成本等均为零，原因为主要考察规模不经济成本对纵向合同选择的影响。

本章中制造商和零售商之间展开以制造商为领导者的斯塔克伯格博弈。博弈顺序为：首先，两条竞争性供应链的制造商同时决定是否提供复杂合同，即提供数量折扣合同（合同结构为 $w_i = w_0 - k_i q_i$[80]），或者制造商决定是否与其零售商形成纵向联盟（纵向联盟中制造商的利润分享比例为 b，该变量为外生变量，或者由纵向的双方谈判决定），否则提供简单的批发价格；其次，零售商同时决定订货数量并发出订货要求；最后，制造商满足零售商的订单，零售商满足顾客需求，形成横向数量竞争市场，且竞争效应逐步向上游制造商传递，形成两条供应链之间的竞争。在数量折扣合同中，w_0 为数量折扣的初始批发价格，且由行业外生确定，或者通过纵向的双方谈判而实现收益的再配置，因而制造商可以基于其供应链系统收益最大化实施数量折扣策略；k_i 为数量折扣率。

本章将分别分析两个制造商均采用简单的批发价格合同时的情形，即链与链竞争的分散化结构情形，记为 ww 情形，如图 4-1（a）所示；均采用复杂合同，即链与链竞争的纵向联盟与利润分享情形或数量折扣合同情形，也即 aa 情形或 dd 情形，如图 4-1（b）（c）所示；制造商 1 采用简单的批发价格合同且制造商 2 采用复杂合同时的混合情形，即 wa 情形和 wd 情形，如图 4-1（d）（e）所示。进而比较竞争对手分别简单合同和复杂合同时的供应链合同选择和设计，识别纵向合同选择的博弈均衡特征，并分析规模不经济因子和竞争因子对合同选择和设计的影响。

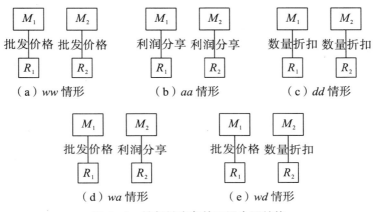

图 4－1　链与链竞争的不同合同结构

4.3　模型计算

4.3.1　不可观测的链与链竞争分散化结构情形

因为考察链与链竞争的数量折扣合同选择需以批发价格为基准，所以先分析两条竞争性供应链均采用批发价格合同，即 ww 情形。零售商的决策函数为

$$\max_{q_i} R_i = \max_{q_i}\{(a - q_i - \gamma q_j)q_i - w_i q_i\} \quad (4-2)$$

根据倒推法，先由式（4－2）可求得零售商的最优订货量为

$$q_i = (a - w_i - \gamma q_j)/2 \quad (4-3)$$

将其代入制造商的决策函数得

$$\max_{w_i} M_i = \max_{w_i}\{w_i q_i - c q_i^2/2\} \quad (4-4)$$

可得制造商的最优批发价格函数为

$$w_i = (a - \gamma q_j)(2 + c)/(4 + c) \quad (4-5)$$

将其回代入式（4－3）得

$$q_i = (a - \gamma q_j)/(4 + c) \quad (4-6)$$

同理可得

$$q_j = (a - \gamma q_i)/(4 + c) \qquad (4-7)$$

于是可得数量竞争均衡为

$$q_i = q_j = a/(4 + c + \gamma) \qquad (4-8)$$

于是可得制造商的批发价格均衡为

$$w_i = w_j = a(2 + c)/(4 + c + \gamma) \qquad (4-9)$$

所以零售商和制造商的最优利润函数分别为

$$R_{iww} = a^2/(4 + c + \gamma)^2 \qquad (4-10)$$

$$M_{iww} = a^2(4 + c)/[2(4 + c + \gamma)^2] \qquad (4-11)$$

由式（4-10）和式（4-11）可知，$M_{iww} > R_{iww}$，即分散化结构中制造商的利润高于零售商，此时供应链系统的利润为

$$T_{iww} = a^2(6 + c)/[2(4 + c + \gamma)^2] \qquad (4-12)$$

4.3.2　不可观测的链与链竞争纵向联盟结构情形

基于制造商的规模不经济和链与链之间进行数量竞争的模型，分析两条竞争性供应链的制造商均与其零售商形成纵向联盟，且制造商在联盟中的利润分享比例为 b，即 aa 情形，则两条竞争性供应链的系统利润函数均为

$$\max_{q_i} T_i = \max_{q_i} \{(a - q_i - \gamma q_j)q_i - cq_i^2/2\} \qquad (4-13)$$

由式（4-13）可求得竞争性供应链的最优订货数量为

$$q_i = (a - \gamma q_j)/(2 + c) \qquad (4-14)$$

同理可得

$$q_j = (a - \gamma q_i)/(2 + c) \qquad (4-15)$$

由式（4-14）和式（4-15）可得两条竞争性供应链间订货数量的竞争均衡为

$$q_i = q_j = a/(2 + c + \gamma) \qquad (4-16)$$

于是可得纵向联盟结构下的供应链系统、制造商和零售商的最优利润函数分别为

$$T_{iaa} = a^2(2+c)/[2(2+c+\gamma)^2] \tag{4-17}$$

$$M_{iaa} = ba^2(2+c)/[2(2+c+\gamma)^2] \tag{4-18}$$

$$R_{iaa} = (1-b)a^2(2+c)/[2(2+c+\gamma)^2] \tag{4-19}$$

此时的纵向联盟结构供应链系统利润也即中心化结构时的供应链系统利润，即采用纵向联盟结构的利润分享合同实现了供应链协调。

4.3.3　不可观测的链与链竞争数量折扣合同情形

如果制造商 i 和 j 均提供数量折扣合同，即 dd 情形，则零售商的决策模型为

$$\max_{q_i} R_i = \max_{q_i}\{(a - q_i - \gamma q_j)q_i - (w_0 - k_i q_i)q_i\} \tag{4-20}$$

由式（4-20）可得零售商最优的订货量为

$$q_i = (a - w_0 - \gamma q_j)/[2(1-k_i)] \tag{4-21}$$

因为制造商提供数量折扣合同，可通过谈判调节初始批发价格实现收益的重新配置，所以制造商可从供应链系统利润最大化来确定数量折扣率，其决策模型为

$$\max_{k_i} T_i = \max_{k_i}\{(a - q_i - \gamma q_j)q_i - cq_i^2/2\} \tag{4-22}$$

将式（4-21）代入式（4-22），可得制造商最优的折扣率为

$$k_i = (ac - 2w_0 - cw_0 - c\gamma q_j)/[2(a - \gamma q_j)] \tag{4-23}$$

将式（4-23）回代入式（4-21）得

$$q_i = (a - \gamma q_j)/(2+c) \tag{4-24}$$

同理可得

$$q_j = (a - \gamma q_i)/(2+c) \tag{4-25}$$

由式（4-24）和式（4-25）可得订货数量的竞争均衡为

$$q_{idd} = q_{jdd} = a/(2+c+\gamma) \tag{4-26}$$

进而可求得数量折扣率为

$$k_{idd} = [(2+c+\gamma)w_0 - ac]/(2a) \qquad (4-27)$$

于是可得零售商和供应链系统的绩效分别为

$$R_{idd} = a[(2+c)a - (2+c+\gamma)w_0]/[2(2+c+\gamma)^2] \qquad (4-28)$$

$$T_{idd} = a^2(2+c)/[2(2+c+\gamma)^2] \qquad (4-29)$$

根据 $M_i = (w_0 - k_iq_i)q_i - cq_i^2/2$ 可得制造商的利润函数为

$$M_{idd} = aw_0/[2(2+c+\gamma)] \qquad (4-30)$$

将式（4-28）～式（4-30）与式（4-17）～式（4-19）进行对比，结果见表4-1。

表4-1　两条供应链采用相同合同（利润分享合同或数量折扣合同）时的利润对比情况

	纵向联盟的利润分享合同	数量折扣合同
M_i	$\dfrac{ba^2(2+c)}{2(2+c+\gamma)^2}$	$\dfrac{aw_0}{2(2+c+\gamma)}$
R_i	$\dfrac{(1-b)a^2(2+c)}{2(2+c+\gamma)^2}$	$\dfrac{a[(2+c)a-(2+c+\gamma)w_0]}{2(2+c+\gamma)^2}$
T_i	$\dfrac{a^2(2+c)}{2(2+c+\gamma)^2}$	
	$\dfrac{w_0}{b} = \dfrac{a(2+c)}{2+c+\gamma}$	

由表4-1可以看出，两种合同所带来的系统绩效相等，即 $T_{idd} = T_{iaa}$，也即说明采用数量折扣合同和纵向联盟的利润分享合同都实现了供应链的协调。两种合同的不同之处在于，供应链系统利润在供应链成员间的分配方式不一样，且两者合同的参数设置存在一定比例关系，即数量折扣合同的初始批发价格和纵向联盟的利润分享比例之比为 $a(2+c)/(2+c+\gamma)$。

为了更好地比较两种复杂合同的供应链系统绩效与批发价格合同时的供应链系统绩效，记 $T_{idd} = T_{iww}$，$T_{iaa} = T_{iww}$，关于规模不经济效应系数边界值为 $c_1 = (\gamma^2 + 2\gamma - 2)/(1-\gamma)$，且易知当 $0.732 < \gamma < 1$ 时，$c_1 > 0$。于是可得如下命题：

命题 4-1　①当规模不经济效应系数 $c > \max(c_1, 0)$，即当横向竞争强度 $\gamma \in (0, 0.732)$，或者当 $\gamma \in (0.732, 1)$ 且规模不经济效应系数 $c > c_1 > 0$ 时，采用纵向联盟的利润分享合同或数量折扣合同所带来的供应链系统绩效优于批发价格合同所带来的系统绩效，即 $T_{idd} = T_{iaa} > T_{iww}$。②当横向竞争强度 $\gamma \in (0.732, 1)$ 且规模不经济效应系数 $c \in (0, c_1)$ 时，则纵向联盟的利润分享合同或数量折扣合同的供应链系统绩效小于批发价格合同时的供应链系统绩效，即 $T_{iww} > T_{idd} = T_{iaa}$。

证明：供应链分别采用利润分享合同和数量折扣合同时的供应链利润与采用批发价格合同的供应链利润之差为

$$T_{idd} - T_{iww} = T_{iaa} - T_{iww} = \frac{2a^2(1-\gamma)(c-c_1)}{(2+c+\gamma)^2(4+c+\gamma)^2}$$

于是可知当 $c > \max(c_1, 0)$，即当 $0 < \gamma < 0.732$，或者当 $0.732 < \gamma < 1$ 且 $c > c_1$ 时，$T_{idd} = T_{iaa} > T_{iww}$；当 $0.732 < \gamma < 1$ 且 $0 < c < c_1$ 时，$T_{iww} > T_{idd} = T_{iaa}$。因此命题 4-1 得证。

命题 4-1 表明，无论制造商是否存在规模不经济，只要横向竞争不是很激烈（其竞争强度小于 0.7321），或横向竞争相对较为激烈（其竞争强度大于 0.7321）且制造商的规模不经济程度较强（其系数大于 c_1）时，对于供应链系统而言，数量折扣合同和利润分享合同均优于批发价格合同，并且此时的供应链系统实现了纵向协调。

而当数量竞争强度大于 0.7321，且制造商的规模不经济效应系数小于 c_1 时，即当供应链系统横向外部性较强，而制造商的规模不经济程度又较弱时，批发价格合同对供应链系统而言不失为一个好的选择。

为了直观地观测制造商的规模不经济对供应链系统绩效改进的影响，令 $a = 1$，$\gamma = 0.5$，得到图 4-2。由图 4-2 可知，不管采用何种合同，规模不经济加剧时，供应链系统绩效均降低。由绩效改进区域Ⅰ可知，采用复杂合同后的绩效改进量也随着规模不经济程度的加剧而逐渐减小。

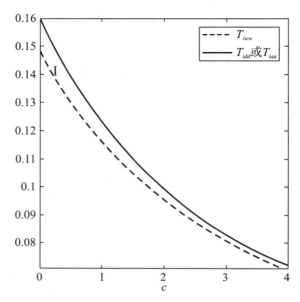

图 4-2 当 $a=1$，$\gamma=0.5$ 时 T_{idd} 或 T_{iaa} 和 T_{iww} 与 c 的关系图

为了直观地观测横向竞争对供应链系统绩效改进量的影响，令 $a=1$，$c=2$，得到图 4-3。由图 4-3 中区域Ⅱ可知，当横向竞争不是很激烈时，绩效改进量随着横向竞争的加剧而逐渐减小直至消失，当横向竞争超过一定程度时，复杂合同无法改进供应链，此时批发价格合同优于复杂合同。

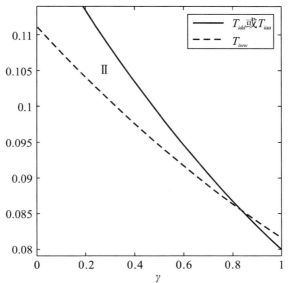

图 4−3　当 $a=1$，$c=2$ 时 T_{idd} 或 T_{iaa} 和 T_{iww} 与 γ 的关系图

4.3.4　分散化结构和纵向联盟结构的混合情形

假定第一条供应链的结构为分散化结构，第二条供应链的结构为纵向联盟结构，即 wa 情形，则第一条供应链的制造商利润函数和零售商利润函数分别为

$$\max_{w_1} M_1 = \max_{w_1}\{w_1 d_1 - c d_1^2/2\} \tag{4−31}$$

$$\max_{d_1} R_1 = \max_{d_1}\{(a - d_1 - \gamma d_2)d_1 - w_1 d_1\} \tag{4−32}$$

由式（4−29）和式（4−30）求得第一条供应链的订货数量函数为

$$d_1 = \frac{a - \gamma d_2}{4 + c} \tag{4−33}$$

第二条供应链的纵向联盟结构系统利润为

$$\max_{d_2} T_2 = \max_{d_2}\{(a - d_2 - \gamma d_1)d_2 - c d_2^2/2\} \tag{4−34}$$

由式（4−32）可得第二条供应链的最优订货数量函数为

$$d_2 = (a - \gamma d_1)/(2+c) \qquad (4-35)$$

由式（4-33）和式（4-35）可得两条竞争性供应链订货数量的竞争均衡分别为

$$d_1 = a(c+2-\gamma)/(8+6c+c^2-\gamma^2) \qquad (4-36)$$

$$d_2 = a(c+4-\gamma)/(8+6c+c^2-\gamma^2) \qquad (4-37)$$

则制造商和零售商的最优利润函数分别为

$$R_{1uu} = a^2(c+2-\gamma)^2/(8+6c+c^2-\gamma^2)^2 \qquad (4-38)$$

$$M_{1uu} = a^2(c+2-\gamma)^2(4+c)/[2(8+6c+c^2-\gamma^2)^2] \qquad (4-39)$$

$$M_{2uu} = ba^2(c+4-\gamma)^2(2+c)/[2(8+6c+c^2-\gamma^2)^2] \qquad (4-40)$$

$$R_{2uu} = (1-b)a^2(c+4-\gamma)^2(2+c)/[2(8+6c+c^2-\gamma^2)^2] \qquad (4-41)$$

由式（4-38）和式（4-39）知，$M_{1uu} > R_{1uu}$，即分散化供应链中制造商的利润高于零售商。

供应链 1 和供应链 2 的系统利润分别为

$$T_{1uu} = a^2(c+2-\gamma)^2(6+c)/[2(8+6c+c^2-\gamma^2)^2] \qquad (4-42)$$

$$T_{2uu} = a^2(c+4-\gamma)^2(2+c)/[2(8+6c+c^2-\gamma^2)^2] \qquad (4-43)$$

由于第二条供应链是进行纵向联盟后再进行利润分配，说明式（4-43）的供应链系统利润也为此链中心化时的利润。

4.3.5 批发价格合同和数量折扣合同的混合情形

假定第一条供应链的制造商提供批发价格合同，第二条竞争性的制造商提供数量折扣合同，即 wd 情形。第一条供应链中零售商的决策模型、制造商的决策模型分别为

$$\max_{q_1} R_1 = \max_{q_1}\{(a - q_1 - \gamma q_2)q_1 - w_1 q_1\} \quad (4-44)$$

$$\max_{w_1} M_1 = \max_{w_1}\{w_1 q_1 - cq_1^2/2\} \quad (4-45)$$

第二条供应链中零售商的决策模型、制造商基于供应链系统利润最大化的决策模型分别为

$$\max_{q_2} R_2 = \max_{q_2}\{(a - q_2 - \gamma q_1)q_2 - (w_0 - k_2 q_2)q_2\} \quad (4-46)$$

$$\max_{k_2} T_2 = \max_{k_2}\{(a - q_2 - \gamma q_1)q_2 - cq_2^2/2\} \quad (4-47)$$

根据倒推法和纵向合同的不可观测性得到两条竞争性供应链订货数量的竞争均衡分别为

$$q_{1ud} = a(2 + c - \gamma)/(8 - \gamma^2 + 6c + c^2) \quad (4-48)$$

$$q_{2ud} = a(4 + c - \gamma)/(8 - \gamma^2 + 6c + c^2) \quad (4-49)$$

第一条供应链的最优批发价格函数为

$$w_{1ud} = a(2 + c)(2 + c - \gamma)/(8 - \gamma^2 + 6c + c^2) \quad (4-50)$$

第二条供应链的最优折扣率为

$$k_{2ud} = \left[(8 - \gamma^2 + 6c + c^2)w_0 - a(4c + c^2 - c\gamma)\right]/\left[2a(4 + c - \gamma)\right] \quad (4-51)$$

结合 $k_{idd} = \left[(2 + c + \gamma)w_0 - ac\right]/(2a)$，可得数量竞争强度和规模不经济效应系数对折扣率的影响特征如下：

命题 4-2　①当初始批发价格 $w_0 > ac/(2 + c + \gamma)$ 时，数量折扣率 $k_{idd} > 0$；否则，反之。②当初始批发价格 $w_0 > \dfrac{a(4c + c^2 - c\gamma)}{8 - \gamma^2 + 6c + c^2}$ 时，折扣率 $k_{2ud} > 0$；否则，反之。

命题 4-2 表明，在竞争供应链环境下，存在规模不经济的制造商提供数量折扣合同时，仅当初始批发价格超过一定值，且该值严重依赖于数量竞争强度、制造商的规模不经济效应系数及潜在市场需求，折扣率才为正；否则，则需根据补贴率对相应订货量进行价格补贴。

将数量竞争均衡和最优批发价格函数代入各利润函数，得到

$$R_{1ud} = a^2(2+c-\gamma)^2/(8-\gamma^2+6c+c^2)^2 \quad (4-52)$$

$$M_{1ud} = a^2(2+c-\gamma)^2(4+c)/[2(8-\gamma^2+6c+c^2)^2] \quad (4-53)$$

$$R_{2ud} = a(4+c-\gamma)[a(4+c-\gamma)(2+c)-w_0(8-\gamma^2+6c+c^2)]/[2(8-\gamma^2+6c+c^2)^2] \quad (4-54)$$

$$M_{2ud} = aw_0(4+c-\gamma)/[2(8-\gamma^2+6c+c^2)] \quad (4-55)$$

$$T_{1ud} = a^2(c+2-\gamma)^2(6+c)/[2(8+6c+c^2-\gamma^2)^2] \quad (4-56)$$

$$T_{2ud} = a^2(c+4-\gamma)^2(2+c)/[2(8+6c+c^2-\gamma^2)^2] \quad (4-57)$$

将式（4-52）～式（4-57）与式（4-38）～式（4-43）进行对比，结果见表4-2。

表4-2　第一条供应链采用批发价格合同，第二条供应链采用复杂合同时的利润对比情况

	批发价格合同＋纵向联盟的利润分享合同	批发价格合同＋数量折扣合同
M_1	$\dfrac{a^2(2+c-\gamma)^2(4+c)}{2(8-\gamma^2+6c+c^2)^2}$	
R_1	$\dfrac{a^2(2+c-\gamma)^2}{(8-\gamma^2+6c+c^2)^2}$	
M_2	$\dfrac{ba^2(c+4-\gamma)^2(2+c)}{2(8+6c+c^2-\gamma^2)^2}$	$\dfrac{aw_0(4+c-\gamma)}{2(8-\gamma^2+6c+c^2)}$
R_2	$\dfrac{(1-b)a^2(c+4-\gamma)^2(2+c)}{2(8+6c+c^2-\gamma^2)^2}$	$\dfrac{a^2(4+c-\gamma)^2(2+c)}{2(8-\gamma^2+6c+c^2)^2}-\dfrac{aw_0(4+c-\gamma)}{2(8-\gamma^2+6c+c^2)}$
T_2	$\dfrac{a^2(c+4-\gamma)^2(2+c)}{2(8+6c+c^2-\gamma^2)^2}$	
	$\dfrac{w_0}{b}=\dfrac{a(2+c)(4+c-\gamma)}{8+6c+c^2-\gamma^2}$	

　　由表4-2可以看出，在分散化结构和复杂合同混合的情形中，不管是采用数量折扣合同还是利润分享合同，其带来的供应链系统绩效相等；且其竞争对手供应链采用批发价格合同所带来

的供应链系统绩效也相等，说明纵向联盟的利润分享合同和数量折扣合同在改进供应链绩效方面的作用是等同的，且两者合同参数的设置存在一定的比例关系，即数量折扣合同的初始批发价格与利润分享合同的利润分享比例之比为 $a(2+c)(4+c-\gamma)/(8+6c+c^2-\gamma^2)$。

由以上式子可得如下命题：

命题 $4-3$ ①$T_{iaa}=T_{idd}>T_{2ua}=T_{2ud}>T_{1ua}=T_{1ud}$；②$T_{2ua}=T_{2ud}>T_{2uw}$；③$T_{1aa}=T_{1dd}>T_{1ud}=T_{1ua}$。

证明： 供应链利润比较如下：

$$T_{iaa}-T_{2ua}=T_{idd}-T_{2ud}=2a^2(2+c)\gamma(8-\gamma^2+\gamma+c^2+6c)/[(2+c+\gamma)^2(8+6c+c^2-\gamma^2)^2]>0$$

$$T_{1ua}-T_{2ua}=T_{1ud}-T_{2ud}=-2a^2(2-\gamma^2+2\gamma+\gamma c+c)/[2(8+6c+c^2-\gamma^2)^2]<0$$

$$T_{2ua}-T_{2uw}=T_{2ud}-T_{2uw}=2a^2(32-\gamma^4+8\gamma^2+6\gamma^2c+\gamma^2c^2+c^3+10c^2+32c)/[(4+c+\gamma)^2(8+6c+c^2-\gamma^2)^2]>0$$

$$T_{iaa}-T_{1ua}=T_{idd}-T_{1ud}=2a^2(8-\gamma^4+4\gamma^2+4\gamma^2c+\gamma^2c^2+c^3+6c^2+12c)/[(2+c+\gamma)^2(8+6c+c^2-\gamma^2)^2]>0$$

于是可得 $T_{iaa}=T_{idd}>T_{2ua}=T_{2ud}>T_{1ua}=T_{1ud}$，$T_{2ua}=T_{2ud}>T_{2uw}$，$T_{1aa}=T_{1dd}>T_{1ud}=T_{1ua}$。因此命题 $4-3$ 得证。

命题 $4-3$①表明，在分散化结构和复杂合同混合的情形中，复杂合同所带来的供应链系统绩效并没有达到两条竞争供应链均采用复杂合同的中心化绩效，即 $T_{iaa}>T_{2ua}$，$T_{idd}>T_{2ud}$。但采用数量折扣合同时的供应链系统绩效与采用纵向联盟时的供应链系统绩效相同，即 $T_{2ua}=T_{2ud}$，说明数量折扣合同实现了供应链协调。同时，在混合不对称情形中，复杂合同所带来的系统绩效优于批发价格合同时的供应链系统绩效。

命题 $4-3$②③表明，不管竞争对手供应链是采用复杂合同还是采用批发价格合同，本供应链采用复杂合同所带来的供应链整体绩效优于批发价格合同，且完全不受横向竞争和制造商规模不经济的影响。

当竞争对手供应链采用批发价格合同时，令 $a=1$，$\gamma=0.5$，得到规模不经济对本供应链采用复杂合同（纵向联盟的利润分享合同或数量折扣合同）时供应链系统绩效改进量的影响，如图4-4所示。由图4-4中区域Ⅲ可知，供应链系统绩效的改进量随着规模不经济效应的增强而逐渐减小。

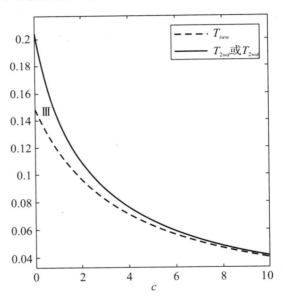

图4-4　当 $a=1$，$\gamma=0.5$ 时 T_{2ud} 或 T_{2ua} 和 T_{iww} 与 c 的关系图

为了直观地观测横向竞争对供应链系统绩效改进量的影响，令 $a=1,c=2$，得到图4-5。由图4-5中区域Ⅳ可知，横向竞争加剧时，各种合同情形下的供应链系统绩效均降低，但采用复杂后的供应链系统绩效改进量比较稳定。

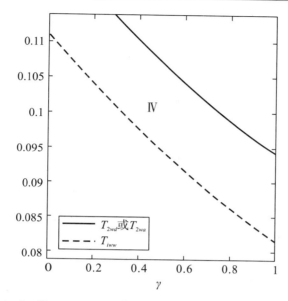

图 4-5　当 $a=1$，$c=2$ 时 T_{2wd} 或 T_{2wa} 和 T_{iww} 与 γ 的关系图

当竞争对手供应链采用复杂合同时，令 $a=1$，$\gamma=0.5$，得到制造商的规模不经济效应系数对供应链采用复杂合同时的供应链系统绩效改进量的影响，如图 4-6 所示。由图 4-6 中区域 V 可知，该供应链系统绩效的改进量随着规模不经济效应系数的增大而逐渐减小。

为了直观地观测横向竞争对供应链系统绩效改进量的影响，令 $a=1$，$c=2$，得到图 4-7。由图 4-7 中区域 VI 可知，此时采用复杂合同后的供应链系统绩效改进量的稳健性较高，随着横向竞争强度的变化不大。

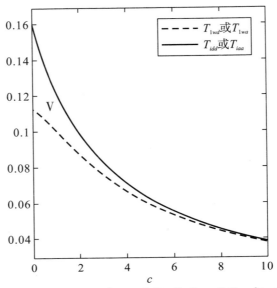

图 4—6　当 $a=1$，$\gamma=0.5$ 时 T_{idd} 或 T_{iaa} 和 T_{1wd} 或 T_{1wa} 与 c 的关系图

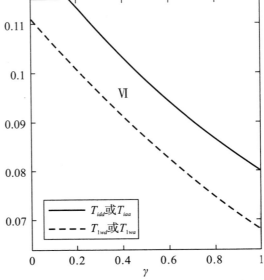

图 4—7　当 $a=1$，$c=2$ 时 T_{idd} 或 T_{iaa} 和 T_{1wd} 或 T_{1wa} 与 γ 的关系图

由命题 4-2 和命题 4-3 容易得到系统绩效改进角度的纵向合同演变过程。

命题 4-4　①当规模不经济效应系数 $c > \max(c_1, 0)$，即当横向竞争强度 $\gamma \in (0, 0.732)$，或者当 $\gamma \in (0.732, 1)$ 时且规模不经济效应系数 $c > c_1 > 0$ 时，系统绩效改进角度的纵向合同动态演变过程为 $ww \to dw/wd \to dd$，$ww \to aw/wa \to aa$，且复杂合同（即数量折扣合同 dd 和利润分享合同 aa）均具有占优均衡性质；②当横向竞争强度 $\gamma \in (0.732, 1)$ 且规模不经济效应系数 $c \in (0, c_1)$ 时，纵向合同动态演变过程为 $ww \to dw/wd \to dd$，且复杂合同（即数量折扣合同 dd 和利润分享合同 aa）为竞争性供应链最终的纵向均衡合同，但复杂合同给系统所带来的绩效为囚徒困境。

命题 4-4①表明，无论制造商是否存在规模不经济，只要两条供应链间的竞争不激烈，或者产品间的竞争相对较为激烈且制造商的规模不经济程度较强时，竞争供应链的纵向合同由批发价格最终演变为能改进供应链系统绩效的利润分享合同或数量折扣合同，且利润分享合同或数量折扣合同是实现系统绩效 Pareto 改进的占优均衡合同。

命题 4-4②表明，当两条供应链间的横向数量竞争较为激烈，且制造商的规模不经济程度较弱，则竞争供应链的纵向合同依然由批发价格最终演变为利润分享合同或数量折扣合同，但利润分享合同或数量折扣合同并不总是能改进供应链系统的绩效，因而会对供应链系统产生囚徒困境。

4.4 实现上下游双赢的纵向合同设计与分析

4.4.1 两条链采用相同合同结构时的合同选择与设计

记 $M_{iaa} = M_{iww}$ 和 $R_{iaa} = R_{iww}$ 关于制造商的利润分享比例 b 的边界分别为 b_1 和 b_2，具体如下：

$$b_1 = \frac{(4+c)(2+c+\gamma)^2}{(4+c+\gamma)^2(2+c)}$$

$$b_2 = \frac{(24 + 24c + 8\gamma + 8c^2 + 8\gamma c + c^3 + 2\gamma c^2 + \gamma^2 c)}{(4+c+\gamma)^2(2+c)}$$

则可得

$$M_{iaa} - M_{iww} = a^2(2+c)(b-b_1)/[2(2+c+\gamma)^2]$$

$$R_{iaa} - R_{iww} = -a^2(2+c)(b-b_2)/[2(2+c+\gamma)^2]$$

记 $M_{idd} = M_{iww}$ 和 $R_{idd} = R_{iww}$ 关于初始批发价格的边界分别为 w_{01} 和 w_{02} 具体如下：

$$w_{01} = \frac{a(4+c)(2+c+\gamma)}{(4+c+\gamma)^2}$$

$$w_{02} = \frac{a[c^3 + (8+2\gamma)c^2 + (24+\gamma^2+8\gamma)c + 24 + 8\gamma]}{(2+c+\gamma)(4+c+\gamma)^2}$$

则可得

$$M_{idd} - M_{iww} = a(w_0 - w_{01})/[2(2+c+\gamma)]$$

$$R_{idd} - R_{iww} = -a(w_0 - w_{02})/[2(2+c+\gamma)]$$

另外，$b_1 = b_2$ 和 $w_{01} = w_{02}$ 关于规模不经济效应系数 c 的解均为 c_1，且 $c_1 = \frac{(\gamma^2 + 2\gamma - 2)}{1-\gamma}$，即

$$b_2 - b_1 = 4(1-\gamma)(c-c_1)/[(4+c+\gamma)^2(2+c)]$$

即当 $c > \max(c_1, 0)$ 时，$b_1 < b_2$。

$$b_1 - 1 = -2(8 - \gamma^2 + 6c + c^2)/[(4+c+\gamma)^2(2+c)] < 0$$

即 $0 < b_1 < 1$。

$b_2 - 1 = -2(4 + \gamma^2 + 4c + 4\gamma + c^2 + 2c\gamma)/[(4 + c + \gamma)^2 (2 + c)] < 0$

即 $0 < b_2 < 1$。

$w_{02} - w_{01} = 4a(1 - \gamma)(c - c_1)/[(2 + c + \gamma)(4 + c + \gamma)^2]$

由以上式子可得如下引理和命题：

引理 4-1　①当 $0.7321 < \gamma < 1$ 时，$c_1 > 0$；②$\partial c_1 / \partial \gamma > 0$；③当 $c > \max(c_1, 0)$，即 $0 < \gamma < 0.732$，或者当 $0.732 < \gamma < 1$ 且 $c > c_1 > 0$ 时，$b_1 < b_2$，$w_{01} < w_{02}$；④$0 < b_1 < 1$，$0 < b_2 < 1$，$w_{01} > 0$，$w_{02} > 0$。

命题 4-5　若两条竞争性供应链均采用相同结构，则制造商的规模不经济效应系数 $c > \max(c_1, 0)$，即当数量竞争强度 $\gamma \in (0, 0.732)$，或者 $\gamma \in (0.732, 1)$ 且制造商的规模不经济效应系数 $c > c_1 > 0$，并且制造商在联盟中的利润分享比例 $b \in (b_1, b_2)$，或者制造商提供数量折扣合同且调节初始批发价格在 (w_{01}, w_{02}) 范围内时，则采用利润分享合同的纵向联盟结构和采用数量折扣合同的结构都优于采用批发价格合同的分散化结构，即 $M_{iaa} > M_{iww}$，$R_{iaa} > R_{iww}$；$M_{idd} > M_{iww}$，$R_{idd} > R_{iww}$。

命题 4-5 表明，若两条竞争性供应链均采用相同的纵向结构和合同（即提供批发价格合同的分散化结构，或提供利润分享合同的纵向联盟结构，或提供数量折扣合同的链与链结构），则：

（1）当横向竞争相对较弱（数量竞争强度小于 0.7321）时，则不管制造商是否存在规模不经济，采用纵向联盟结构并适当设置利润分享比例 [制造商在联盟中的比例在 (b_1, b_2) 范围内]，或者采用数量折扣合同并调节初始批发价格在 (w_{01}, w_{02}) 范围内时，可使制造商和零售商的利润均优于分散化结构时的利润。

（2）当横向竞争加剧（数量竞争强度超过 0.7321），且制造商又存在相对较高的规模不经济成本（其规模不经济效应系数大于 c_1 且严重依赖于横向数量竞争强度）时，则制造商与零售商均有动力采用合同改进双方绩效，即制造商通过适当设置其在联盟中的利润分享比例［该比例位于（b_1，b_2）范围内］，或者适当设置数量折扣合同的初始批发价格［在（w_{01}，w_{02}）范围内］，一方面使零售商和其共同承担较高的规模不经济成本，另一方面又与零售商共同面对激烈的横向竞争，从而保证其和零售商均实现 Pareto 改进的双赢。

命题 4-6　当两条供应链之间的数量竞争强度 $\gamma \in (0.732, 1)$，制造商的规模不经济效应系数 $c \in (0, c_1)$ 时，两条竞争性供应链均实施纵向联盟的利润分享合同或均实施数量折扣合同对于制造商和零售商来说失去价值。

命题 4-6 表明，当横向竞争加剧，制造商又降低了规模不经济的程度时，则纵向联盟和数量折扣合同均失效，分散化的批发价格合同才是上下游企业的最佳选择。结合 McGuire & Staelin[7] 的结论可知，不管是基于制造商绩效改进的角度，还是制造商和零售商双方绩效均改进的双赢角度，以及不管是链与链竞争的控制结构选择还是纵向合同选择，只要制造商规模不经济效应较弱，则应依然采用分散化的批发价格合同应对激烈的价格竞争。

记 $\partial b_1 / \partial c = \partial b_2 / \partial c$ 关于制造商生产规模不经济效应系数的解分别为 c_2 和 c_3，即 $c_2 = -\gamma - 2$，$c_3 = (\gamma^2 + 6\gamma - 4) / [2(1-\gamma)]$，且当 $c > 0.6056$ 时，$c_3 > 0$，于是可得规模不经济效应和数量竞争强度对利润分享比例范围（b_1，b_2）的影响，如推论 4-1 所示。

推论 4-1　①当 $c > \max(c_1, 0)$ 时，利润分享比例范围（b_1，b_2）随着数量竞争强度的加剧而缩小；②当 $0.6056 < \gamma < 1$ 且 $\max(c_1, 0) < c < c_3$ 时，利润分享比例范围（b_1，b_2）随着规模不经济程度的增强而增大；③当 $c > \max(c_3, 0)$ 时，利润分享比例范围（b_1，b_2）随着规模不经济程度的增强而减小。

证明： b_1 和 b_2 关于竞争强度 γ 的偏导函数分别为

$$\partial b_1/\partial \gamma = 4(4+c)(2+c+\gamma)/[(4+c+\gamma)^3(2+c)] > 0$$

$$\partial b_2/\partial \gamma = -8(2+c+\gamma)/[(4+c+\gamma)^3(2+c)] < 0$$

由引理 $4-1$ 可知，当 $c > \max(c_1, 0)$ 时，$b_1 < b_2$，所以利润分享比例范围 (b_1, b_2) 随着数量竞争强度的加剧而缩小。

另外，$\partial b_1/\partial c - \partial b_2/\partial c = 8(1-\gamma)(c-c_2)(c-c_3)/[(4+c+\gamma)^3(2+c)^2]$，于是可得当 $c < c_3$ 时，$\partial b_1/\partial c < \partial b_2/\partial c$。

又 $c_1 - c_3 = -\gamma(1-\gamma)(2-\gamma)/2 < 0$，而当 $\gamma > 0.6056$ 时 $c_3 > 0$，可得当 $0.6056 < \gamma < 1$ 且 $\max(c_1, 0) < c < c_3$ 时，(b_1, b_2) 随着规模不经济程度的增强而增大。当 $c > \max(c_3, 0)$ 时，$\partial b_1/\partial c > \partial b_2/\partial c$，此时 (b_1, b_2) 随着规模不经济程度的增强而减小。因此推论 $4-1$ 得证。

记 $\partial w_{01}/\partial c = \partial w_{02}/\partial c$ 关于制造商生产规模不经济效应系数 c 的解分别为 c_4 和 c_5，具体如下：

$$c_4 = \frac{8 - 7\gamma - 4\gamma^2 + \sqrt{16\gamma - 7\gamma^2}}{4(\gamma - 1)}$$

$$c_5 = \frac{8 - 7\gamma - 4\gamma^2 - \sqrt{16\gamma - 7\gamma^2}}{4(\gamma - 1)}$$

于是可得规模不经济效应和数量竞争强度对数量折扣合同的初始批发价格可设置范围 (w_{01}, w_{02}) 的影响，如推论 $4-2$ 所示。

推论 $4-2$ ①当 $c > \max(c_1, 0)$ 时，数量折扣合同的初始批发价格可设置范围 (w_{01}, w_{02}) 随着数量竞争强度的加剧而缩小；②当 $0.5772 < \gamma < 1$ 且 $\max(c_1, 0) < c < c_5$ 时，数量折扣合同的初始批发价格可设置范围 (w_{01}, w_{02}) 随着规模不经济程度的增强而增大；③当 $c > \max(c_5, 0)$ 时，数量折扣合同的初始批发价格可设置范围 (w_{01}, w_{02}) 随着规模不经济程度的增强而减小。

证明： w_{01} 和 w_{02} 关于竞争强度 γ 的偏导函数之差为

$$\frac{\partial(w_{02} - w_{01})}{\partial \gamma} = -4a[c^3 + (11+\gamma)c^2 + (34 - \gamma^2 + 11\gamma)c +$$

$$32 - \gamma^3 + 18\gamma]/[(2+c+\gamma)^2 (4+c+\gamma)^3] < 0$$

而当 $c > \max(c_1, 0)$ 时，$w_{01} < w_{02}$，所以可知当 $c > \max(c_1, 0)$ 时，数量折扣合同的初始批发价格可设置范围随着数量竞争强度的加剧而缩小。

w_{01} 和 w_{02} 关于规模不经济效应系数 c 的偏导函数之差为

$$\frac{\partial(w_{02} - w_{01})}{\partial c} = \frac{-8a(1-\gamma)(c - c_4)(c - c_5)}{(2+c+\gamma)^2 (4+c+\gamma)^3}$$

于是可知 $c_4 < 0$；且当 $\gamma > 0.5772$ 时，$c_5 > 0$。

结合当 $c > \max(c_1, 0)$ 时 $w_{01} < w_{02}$，可知当 $0.5772 < \gamma < 1$ 且 $\max(c_1, 0) < c < c_5$ 时，(w_{01}, w_{02}) 随着规模不经济程度的增强而增大；而当 $c > \max(c_5, 0)$ 时，(w_{01}, w_{02}) 随着规模不经济程度的增强而减小。因此推论4-2得证。

推论4-1和推论4-2表明，当制造商的规模不经济程度相对较强，其系数大于 $\max(c_1, 0)$ 且严重依赖于横向数量竞争强度，如图4-8和图4-9中的区域Ⅰ和区域Ⅱ所示，则实施纵向联盟的利润分享比例范围 (b_1, b_2) 和实施数量折扣合同的初始批发价格可设置范围 (w_{01}, w_{02}) 随着数量竞争强度的加剧而缩小。

当横向数量竞争相对较激烈，且制造商的规模不经济程度适中，如图4-8和图4-9中的区域Ⅱ所示，则利润分享比例的范围 (b_1, b_2) 和初始批发价格可设置范围 (w_{01}, w_{02}) 随着规模不经济程度的增强而增大；若制造商的规模不经济程度较严重，如图4-8和图4-9中的区域Ⅰ所示，则此时利润分享比例的范围 (b_1, b_2) 和初始批发价格可设置范围 (w_{01}, w_{02}) 随着规模不经济程度的增强而减小。而在区域Ⅲ，利润分享比例范围 (b_1, b_2) 和初始批发价格可设置范围 (w_{01}, w_{02}) 消失，即无法采用纵向联盟和利润分享合同改善制造商和零售商的绩效。

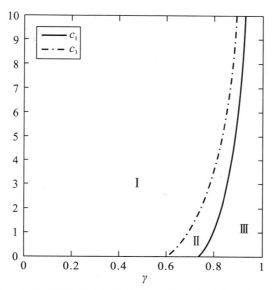

图 4-8　规模不经济效应系数边界 c_1 和 c_3 与竞争强度 γ 的关系

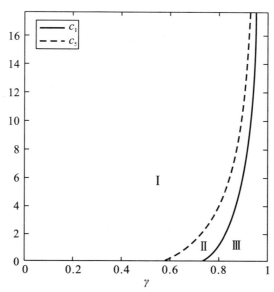

图 4-9　规模不经济效应系数边界 c_1 和 c_5 与竞争强度 γ 的关系

4.4.2 竞争对手采用利润分享或数量折扣时的合同选择与设计

记竞争对手供应链采用利润分享合同的纵向联盟结构时，本链采用纵向联盟结构与分散化结构时制造商利润相等（即 $M_{1aa} = M_{1ua}$）和零售商利润相等（即 $R_{1aa} = R_{1ua}$）时关于制造商利润分享比例 b 的边界分别为 b_3 和 b_4，具体如下：

$$M_{1aa} - M_{1ua} = a^2(c+2)(b-b_3)/[2(2+c+\gamma)^2]$$

$$R_{1aa} - R_{1ua} = -a^2(c+2)(b-b_4)/[2(2+c+\gamma)^2]$$

式中

$$b_3 = [(8-4\gamma)+(6-\gamma)c+c^2](2+c-\gamma)(2+c+\gamma)^2/[(2+c)(8+6c+c^2-\gamma^2)^2]$$

$$b_4 = [c^5+12c^4+(60-2\gamma^2)c^3+(152-12\gamma^2)c^2+(192+\gamma^4-24\gamma^2)c+96-16\gamma^2]/[(8+6c+c^2-\gamma^2)^2(2+c)]$$

且

$$b_4 - b_3 = 4[8-\gamma^4+(2+c)^2\gamma^2+12c+6c^2+c^3]/[(2+c)(8-\gamma^2+6c+c^2)^2] > 0$$

即 $b_3 < b_4$。

$$b_3 - 1 = -2[32+56c+36c^2-\gamma^4+10c^3+c^4]/[(2+c)(8+6c+c^2-\gamma^2)^2] < 0$$

即 $0 < b_3 < 1$。

$$b_4 - 1 = [-2(16-8\gamma^2)-8c\gamma^2-2c^2\gamma^2+32c+24c^2+8c^3+c^4+\gamma^4]/[(8+6c+c^2-\gamma^2)^2(2+c)] < 0$$

即 $0 < b_4 < 1$。

另外，记竞争对手供应链采用数量折扣合同时，本供应链中制造商分别采用数量折扣合同和批发价格合同时制造商利润相等（即 $M_{1dd} = M_{1ud}$）和零售商利润相等（即 $R_{1dd} = R_{1ud}$）时关于初始批发价格 w_0 的边界分别为 w_{03} 和 w_{04}，具体如下：

$M_{1dd} - M_{1ud} = a(w_0 - w_{03})/[2(2+c+\gamma)]$

$R_{1dd} - R_{1ud} = -a(w_0 - w_{04})/[2(2+c+\gamma)]$

$w_{03} = a(4+c)(2+c+\gamma)(2+c-\gamma)^2/(6c+c^2+8-\gamma^2)^2$

$w_{04} = a[\gamma^4 c - 2(4+c)(2+c)^2\gamma^2 + (2+c)(12+6c+c^2)$
$(4+c)^2]/[(6c+c^2+8-\gamma^2)(4+c+\gamma)^2(4+c-\gamma)]$

$w_{04} - w_{03} = 4a[c^5 + 12c^4 + c^3(60-2\gamma^2) + c^2(152 - 12\gamma^2) + c(192 - 24\gamma^2 + \gamma^4) + 96 - 16\gamma^2]/[(2+c+\gamma)$
$(8+6c-\gamma^2+c^2)^2] > 0$

由以上式子可得如下引理和命题：

引理 4-2 $0 < b_3 < b_4 < 1$，$0 < w_{03} < w_{04}$。

命题 4-7 若竞争对手供应链采用复杂合同（如实施用纵向联盟的利润分享合同，或者采用数量折扣合同），则：①当制造商在纵向联盟中的利润分享比例 $b \in (b_3, b_4)$ 时，采用利润分享合同的纵向联盟结构优于分散化结构，即 $M_{1aa} > M_{1ua}$，$R_{1aa} > R_{1ua}$；②当数量折扣合同的初始批发价格 $w_0 \in (w_{03}, w_{04})$ 时，采用数量折扣合同可使制造商利润和零售商实现绩效改进的双赢，即 $M_{1dd} > M_{1ud}$，$R_{1dd} > R_{1ud}$。

命题 4-7 表明，若竞争对手供应链采用复杂合同（如实施用纵向联盟的利润分享合同，或者采用数量折扣合同），则本供应链通过提供复杂合同，并将合同参数设置在适度范围内时（该适度范围严重依赖于数量竞争强度和规模不经济程度，且数量折扣合同的初始批发价格可设置范围还依赖于最高可行零售价格），可同时实现制造商和零售商绩效的 Pareto 改进，即同时实现制造商和零售商绩效改进的双赢。若合同参数设置过高（则零售商由于利润分享比例过低或者批发价格过高而不愿意接受合同）或过低（则制造商没有动力提供复杂合同），则无法同时改进上下游双方的绩效。

推论 4-3 ①制造商在联盟中的利润分享比例范围 (b_3,

b_4）随着数量竞争强度的加剧而增大，随着规模不经济程度的增强而减小；②数量折扣合同的初始批发价格可设置范围（w_{03}，w_{04}）随着规模不经济程度的增强而减小。

证明：利润分享比例边界 b_3 和 b_4 关于竞争强度 γ 的偏导函数分别为

$$\frac{\partial b_3}{\partial \gamma} = \frac{8\gamma(8+6c+c^2-\gamma c-4\gamma)(2+c+\gamma)}{-(8+6c+c^2-\gamma^2)^3} < 0$$

$$\frac{\partial b_4}{\partial \gamma} = \frac{16\gamma(4c+c^2+4-\gamma^2)}{(8+6c+c^2-\gamma^2)^3} > 0$$

则 $\partial b_4/\partial\gamma > \partial b_3/\partial\gamma$。

同时由引理 4-2 可知，$b_3 < b_4$，所以（b_3，b_4）随着数量竞争强度的加剧而增大。

另外，利润分享比例边界 b_3 和 b_4 关于规模不经济效应系数 c 的偏导函数分别为

$\partial b_3/\partial c = 2(2+c+\gamma)[c^5+(12-\gamma)c^4+(56-10\gamma+4\gamma^2)c^3+(128-36\gamma-4\gamma^3+30\gamma^2)c^2+(144-56\gamma-\gamma^4-22\gamma^3+72\gamma^2)c+(2-\gamma)(32-\gamma^4+28\gamma^2)]/[(8+6c+c^2-\gamma^2)^3(2+c)^2] > 0$

$\partial b_4/\partial c - \partial b_3/\partial c = -4[(c+2)^2-\gamma^2](2c^3+12c^2+3c^2\gamma^2+24c+18c\gamma^2+24\gamma^2+16-\gamma^4)/[(8-\gamma^2+6c+c^2)^3(2+c)^2] < 0$

同时由引理 4-2 可知，$0<b_3<b_4<1$，所以（b_3，b_4）随着规模不经济程度的增强而减小。

$\partial(w_{04}-w_{03})/\partial c = -4a[2c^5+(20+3\gamma^2+\gamma)c^4+(28\gamma^2+6\gamma+80+2\gamma^3)c^3+(160-4\gamma^4+12\gamma+15\gamma^3+96\gamma^2)c^2+(144\gamma^2-22\gamma^4-2\gamma^5+160+8\gamma+36\gamma^3)c+64-28\gamma^4+\gamma^6+80\gamma^2+28\gamma^3-8\gamma^5)]/[(8-\gamma^2+6c+c^2)^3(2+c+\gamma)^2] < 0$

所以（w_{03}，w_{04}）随着规模不经济程度的增强而减小。因

此推论 4-3 得证。

4.4.3　竞争对手采用分散化结构时的合同选择与设计

记竞争对手供应链采用分散化结构的批发价格合同，则本链采用纵向联盟结构与分散化结构时的制造商利润比较、零售商利润比较分别为

$$M_{2ua} - M_{2uw} = a^2 (4 - \gamma + c)^2 (c + 2)(b - b_5)/[2(8 + 6c + c^2 - \gamma^2)^2]$$

$$R_{2ua} - R_{2uw} = -a^2 (c + 2)(4 - \gamma + c)^2 (b - b_6)/[2(8 + 6c + c^2 - \gamma^2)^2]$$

式中，b_5 和 b_6 分别是 $M_{2dd} = M_{2da}$ 和 $R_{2dd} = R_{2da}$ 关于制造商利润分享比例 b 的边界，具体如下：

$$b_5 = \frac{(8 + 6c + c^2 - \gamma^2)^2 (4 + c)}{(2 + c)(4 + c - \gamma)^2 (4 + c + \gamma)^2}$$

$$b_6 = [c^5 + 16c^4 + (104 - 2\gamma^2) c^3 + (344 - 16\gamma^2) c^2 + (576 - 40\gamma^2 + \gamma^4) c + 384 - 32\gamma^2] / [(c + 2)(4 + c - \gamma)^2 (4 + c + \gamma)^2]$$

$$w_{05} = a (4 + c)(6c + c^2 + 8 - \gamma^2) / [(4 + c + \gamma)^2 (4 + c - \gamma)]$$

$$w_{06} = a [\gamma^4 c - 2 (4 + c)(2 + c)^2 \gamma^2 + (2 + c)(12 + 6c + c^2)(4 + c)^2] / [(6c + c^2 + 8 - \gamma^2)(4 + c + \gamma)^2 (4 + c - \gamma)]$$

并且

$$b_6 - b_5 = [(\gamma^4 + 4\gamma^3 + 16 - 8\gamma^2) c^4 + (192 - 80\gamma^2 - 2\gamma^5 + 8\gamma^4 + 40\gamma^3) c^3 + (832 - 320\gamma^2 + 36\gamma^4 - \gamma^6 - 20\gamma^5 + 128\gamma^3) c^2 + (1536 - 4\gamma^6 - 40\gamma^5 - 640\gamma^2 + 128\gamma^3 + 80\gamma^4 + 2\gamma^7) c + 1024 - 8\gamma^6 - 512\gamma^2 + 80\gamma^4 + \gamma^8] / [(8 - \gamma^2 + 2c + 2\gamma)(8 - \gamma^2 - 2\gamma - \gamma c + 6c + c^2)]^2 > 0$$

$$b_5 - 1 = -2 (128 - \gamma^4 + 160c + 72c^2 + 14c^3 + c^4) / [(2 + c)(4 + c - \gamma)^2 (4 + c + \gamma)^2] < 0$$

$b_6 - 1 = [-2 (c^4 + 12c^3) + (52 - 2\gamma^2) c^2 + (96 - 12\gamma^2) c + 64 - 16\gamma^2 + \gamma^4] / [(c + 2) (4 + c - \gamma)^2 (4 + c + \gamma)^2] < 0$

即 $0 < b_5 < b_6 < 1$。

另外，当竞争对手供应链采用批发价格合同时，本供应链采用数量折扣合同或批发价格合同时的制造商绩效之差和零售商绩效之差分别为

$M_{2ud} - M_{2uw} = a (w_0 - w_{05}) (4 - \gamma + c) / [2 (8 - \gamma^2 + 6c + c^2)]$

$R_{2ud} - R_{2uw} = -a (w_0 - w_{06}) (4 - \gamma + c) / [2 (8 - \gamma^2 + 6c + c^2)]$

式中，w_{05} 和 w_{06} 分别是 $M_{2ud} = M_{2uw}$ 和 $R_{2ud} = R_{2uw}$ 关于初始批发价格的边界，具体如下：

$w_{05} = a (4 + c) (6c + c^2 + 8 - \gamma^2) / [(4 + c + \gamma)^2 (4 + c - \gamma)]$

$w_{06} = a [\gamma^4 c - 2 (4 + c) (2 + c)^2 \gamma^2 + (2 + c) (12 + 6c + c^2) (4 + c)^2] / [(6c + c^2 + 8 - \gamma^2) (4 + c + \gamma)^2 (4 + c - \gamma)]$

并且

$w_{06} - w_{05} = 4a[c^3 + c^2 (\gamma^2 + 10) + c (32 + 6\gamma^2) + 32 - \gamma^4 + 8\gamma^2] / [(4 + c - \gamma)(4 + c + \gamma)^2 (8 + 6c - \gamma^2 + c^2)] > 0$

即 $0 < w_{05} < w_{06}$。

由以上式子可得如下引理和命题：

引理 4-3 $0 < b_5 < b_6 < 1$，$0 < w_{05} < w_{06}$。

命题 4-8 若竞争对手供应链采用分散化结构，则：①当制造商在纵向联盟中的利润分享比例 $b \in (b_5, b_6)$ 时，利润分享合同时的纵向联盟结构优于分散化结构，即 $M_{2ua} > M_{2uw}$，$R_{2ua} > R_{2uw}$；②当数量折扣合同的初始批发价格 $w_0 \in (w_{05}, w_{06})$ 时，制造商和零售商的绩效均得到 Pareto 改进，即 $M_{2ud} > M_{2uw}$，$R_{2wd} > R_{2uw}$。

命题 4-8 表明，如果竞争对手供应链采用分散化结构，则

当利润分享比例在 (b_5, b_6) 范围内且严重依赖于数量竞争强度和规模不经济程度时，或者数量折扣合同的初始批发价格在 (w_{05}, w_{06}) 范围内，则本供应链采用纵向联盟的利润分享合同或者数量折扣合同都能同时实现制造商和零售商绩效的 Pareto 改进，即同时实现制造商和零售商绩效改进的双赢。若合同参数过高或过低，则无法实现双赢。

推论 4－4　①制造商在纵向联盟中的利润分享比例范围 (b_5, b_6) 随着数量竞争强度的加剧而增大，随着规模不经济程度的增强而减小；②数量折扣合同的初始批发价格可设置范围 (w_{05}, w_{06}) 随着规模不经济程度的增强而减小。

证明：利润分享比例边界 b_5 和 b_6 关于竞争强度 γ 的偏导函数分别为

$$\partial b_5/\partial \gamma = -8\gamma(4+c)^2(8+6c+c^2-\gamma^2)/[(4+c-\gamma)^2(8+6c+c^2-\gamma c-2\gamma)^3(4+c+\gamma)^3] < 0$$

$$\partial b_6/\partial \gamma = 16\gamma[c^3+10c^2+(32-\gamma^2)c+32-4\gamma^2]/[(4+c-\gamma)^2(8+6c+c^2-\gamma c-2\gamma)(4+c+\gamma)^3] > 0$$

所以 $\partial b_6/\partial \gamma > \partial b_5/\partial \gamma$。同时由引理 4－3 可知，$b_5 < b_6$，所以利润分享比例范围 (b_5, b_6) 随着数量竞争强度的加剧而增大。

$$\frac{\partial b_6}{\partial c} - \frac{\partial b_5}{\partial c} = 4(c^2+6c+8-\gamma^2)[2c^3+(20+3\gamma^2)c^2+(64+22\gamma^2)c+36\gamma^2+64-\gamma^4]/[-(4-\gamma+c)^3(4+\gamma+c)^3(2+c)^2] < 0$$

同时 $b_5 < b_6$ 时，所以 (b_5, b_6) 随着规模不经济程度的增强而减小。

$$\partial(w_{06}-w_{05})/\partial c = -4a[2c^6+(40+3\gamma^2-\gamma)c^5+(328+49\gamma^2-\gamma^3-16\gamma)c^4+(314\gamma^2-100\gamma+1408-11\gamma^3-6\gamma^4)c^3+(3328+2\gamma^5-42\gamma^3-63\gamma^4-304\gamma+988\gamma^2)c^2+(4096-448\gamma+$$

$12\gamma^5 + 1536\gamma^2 + 3\gamma^6 - 64\gamma^3 - 212\gamma^4 + 4096)c + 2048 - 224\gamma^4 + 12\gamma^6 + 16\gamma^5 - 32\gamma^3 + 960\gamma^2 - 256\gamma - \gamma^7]/[(8 - \gamma^2 + 6c + c^2)^2 (4 + c + \gamma)^3 (4 + c - \gamma)^2] < 0$

所以 (w_{06}, w_{05}) 随着规模不经济程度的增强而减小。因此推论 4-4 得证。

4.4.4 纵向合同的选择和演变分析

引理 $4-4$ ① $(b_1, b_2) \subset (b_5, b_6) \subset (b_3, b_4)$;
② $(w_{01}, w_{02}) \subset (w_{03}, w_{04})$, $(w_{01}, w_{02}) \subset (w_{05}, w_{06})$;
③ $M_{1aw} > M_{1uw}$ 且 $R_{1aw} > R_{1uw}$, $M_{1dw} > M_{1uw}$ 且 $R_{1dw} > R_{1uw}$ (根据对称性, 由 $M_{2ua} > M_{2uw}$ 且 $R_{2ua} > R_{2uw}$, 以及 $M_{2ud} > M_{2uw}$ 且 $R_{2ud} > R_{2uw}$ 可得)。

证明: 各利润分享比例边界值之差为

$b_6 - b_4 = -16[c^4 + 12c^3 + (52 - 2\gamma^2)c^2 + (96 - 12\gamma^2)c + 64 - 18\gamma^2 + \gamma^4]\gamma^2/[(8 + 6c + c^2 - \gamma^2)^2(2 + c)(4 + c + \gamma)^2(4 + c - \gamma)^2] < 0$

$b_3 - b_5 = -8\gamma^2[c^5 + 16c^4 + 2(50 - \gamma^2)c^3 + (304 - 20\gamma^2)c^2 + (448 + \gamma^4 - 66\gamma^2)c + 256 - 72\gamma^2 + 4\gamma^4]/[(8 + 6c + c^2 - \gamma^2)^2(2 + c)(4 + c + \gamma)^2(4 + c - \gamma)^2] < 0$

$b_5 - b_1 = \dfrac{-4\gamma(c^2 + 6c + 8 + \gamma - \gamma^2)(4 + c)}{(2 + c)(4 + c + \gamma)^2(4 + c - \gamma)^2} < 0$

$b_5 - b_2 = 4[c^3 + (10 + \gamma^2 - 2\gamma)c^2 + (6\gamma^2 + 32 - 12\gamma)c + 32 - 16\gamma + 6\gamma^2 - \gamma^4 + 2\gamma^3]/[-(2 + c)(4 + c + \gamma)^2(4 + c - \gamma)^2] < 0$

$b_6 - b_2 = \dfrac{8\gamma(c^2 + 6c + 8 + \gamma - \gamma^2)}{(2 + c)(4 + c + \gamma)^2(4 + c - \gamma)^2} > 0$

由此可得 $b_3 < b_5 < b_1 < b_2 < b_6 < b_4$, 即 $(b_1, b_2) \subset (b_5, b_6) \subset (b_3, b_4)$。

$$w_{05} - w_{01} = \frac{-2a(c+4)\gamma}{(4+c+\gamma)^2(4+c-\gamma)} < 0$$

即 $w_{05} < w_{01}$。

$w_{03} - w_{01} = -4a(c+4)\gamma(2+c+\gamma)(8+6c+c^2-\gamma^2-\gamma)/[(4+c+\gamma)^2(8+6c+c^2-\gamma^2)^2] < 0$

即 $w_{03} < w_{01}$。

$w_{06} - w_{02} = 2a\gamma[c^4 + (16+\gamma)c^3 + (88-\gamma^2+12\gamma)c^2 + (200+44\gamma-8\gamma^2-\gamma^3)c + 160+48\gamma-12\gamma^2-4\gamma^3]/[(8+6c+c^2-\gamma^2)(2+c+\gamma)(4+c+\gamma)^2(4+c-\gamma)] > 0$

即 $w_{06} > w_{02}$。

$w_{04} - w_{02} = 8a\gamma(2+c+\gamma)(8+6c+c^2-\gamma^2-\gamma)/[(8+6c+c^2-\gamma^2)^2(4+c+\gamma)^2] > 0$

即 $w_{04} > w_{02}$。

所以 $(w_{01}, w_{02}) \subset (w_{03}, w_{04})$，$(w_{01}, w_{02}) \subset (w_{05}, w_{06})$。因此引理 4-4 得证。

由引理 4-1~4-4 及命题 4-5~4-8 可得如下命题：

命题 4-9　当制造商的规模不经济效应系数 $c > \max(c_1, 0)$，即当数量竞争强度 $\gamma \in (0, 0.732)$，或者 $\gamma \in (0.732, 1)$ 且制造商的规模不经济效应系数 $c > c_1 > 0$，以及制造商在联盟中的利润分享比例 $b \in (b_1, b_2)$ 或者数量折扣合同的初始批发价格为 $w_0 \in (w_{01}, w_{02})$ 时，链与链基于数量竞争强度和规模不经济的纵向结构演变过程为 $ww \to aw/wa \to aa$（或为 $ww \to dw/wd \to dd$），此时各竞争供应链的最终均衡选择均为实施复杂合同，且该合同结构是制造商和零售商同时实现 Pareto 绩效改进的占优均衡结构。

命题 4-9 表明，无论制造商是否存在规模不经济，只要横向数量竞争相对较弱，或者即使制造商存在较强的规模不经济且横向数量竞争较激烈，并且纵向合同参数设置在合理范围，即利

润分享比例 $b \in (b_1, b_2)$ 或者数量折扣合同的初始批发价格为 $w_0 \in (w_{01}, w_{02})$ 内时，竞争供应链的最终纵向均衡为复杂合同，且该合同结构为同时实现制造商和零售商 Pareto 绩效改进的占优均衡。

为了直观地观测规模不经济效应系数对制造商的利润分享比例选择范围的影响，令 $\gamma = 0.9$，可得 $b_1 \sim b_6$ 的关系图，如图 4-10 所示。由图 4-10 可知，$(b_1, b_2) \subset (b_5, b_6) \subset (b_3, b_4)$，且纵向联盟的利润分享比例范围为区域 IV，此区域随着规模不经济程度的增强而逐渐增大。

为了直观地观测数量竞争强度对制造商的利润分享比例范围的影响，令 $c = 2$，可得 $b_1 \sim b_6$ 的关系图，如图 4-11 所示。由图 4-11 可知，$(b_1, b_2) \subset (b_5, b_6) \subset (b_3, b_4)$，纵向联盟的区域为区域 V，此区域随着数量竞争强度的加剧而逐渐减小，直至为零。

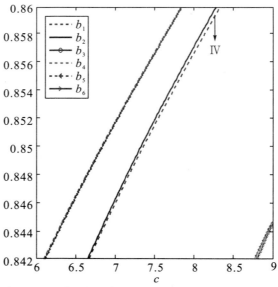

图 4-10 当 $\gamma = 0.9$ 时利润分享比例 b 与规模不经济效应系数 c 的演化图

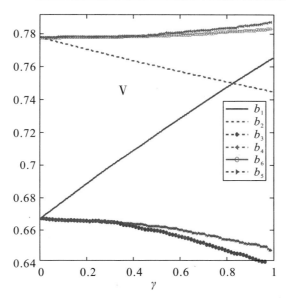

图 4-11　当 $c=2$ 时利润分享比例 b 与数量竞争强度 γ 的演化图

为了直观地观测规模不经济对数量折扣合同设计的影响，令 $a=1$，$\gamma=0.5$，可得图 4-12。图 4-12 中的阴影部分即为数量折扣合同中初始批发价格的可设置范围，该初始批发价格的均衡范围随制造商规模不经济程度的加深而逐渐缩小。

为了直观地观测横向竞争对数量折扣合同设计的影响，令 $a=1$，$c=10$，可得图 4-13。由图 4-13 可知，横向竞争越激烈，则初始批发价格越小。由图 4-13 中的阴影部分可看出该初始批发价格的均衡范围随着数量竞争强度的加剧而逐渐减小，以致当竞争强度超过 0.9282 时，均衡区域消失。

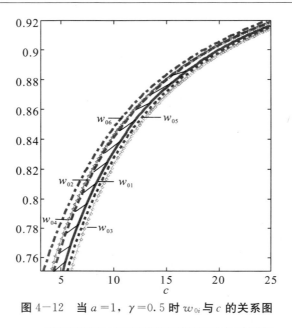

图 4-12　当 $a=1$，$\gamma=0.5$ 时 w_{0i} 与 c 的关系图

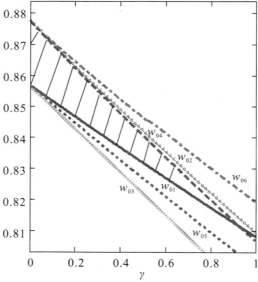

图 4-13　当 $a=1$，$c=10$ 时 w_{0i} 与 γ 的关系图

通过对以上四个图的分析发现，虽然利润分享合同和数量折扣合同均能同时改善制造商和零售商的绩效，但两种合同的设计参数受规模不经济和横向竞争因子的影响程度不一样。

由命题 4-9 得到如下推论：

推论 4-5　存在以下情形时，纵向联盟与利润分享合同或者数量折扣合同依然是同时实现制造商和零售商绩效改进的占优均衡策略：①当 $c=0$ 且 $0<\gamma<0.7321$，$2(\gamma+2)^2/(4+\gamma)^2<b<4(\gamma+3)/(4+\gamma)^2$，或者 $4a(\gamma+2)/(4+\gamma)^2<w_0<8a(\gamma+3)/[(\gamma+2)(4+\gamma)^2]$ 时；②当 $\gamma=0$，$\dfrac{c+2}{4+c}<b<\dfrac{c^2+6c+12}{(4+c)^2}$，或者 $\dfrac{a(c+2)}{4+c}<w_0<\dfrac{a(c^2+6c+12)}{(4+c)^2}$ 时；③当 $\gamma=0$，$c=0$，$0.5<b<0.75$，或者 $0.5a<w_0<0.75a$ 时。

推论 4-5 表明，当制造商通过技术革新或提升管理能力等消除了生产的规模不经济，同时两条供应链之间的数量竞争不是太激烈，其强度在 $(0, 0.7321)$ 范围内，则通过形成纵向联盟和采用利润分享合同，使制造商的利润分享比例范围在 $(2(\gamma+2)^2/(4+\gamma)^2, 4(\gamma+3)/(4+\gamma)^2)$ 内，或者直接采用数量折扣合同，并确保初始批发价格在 $(4a(\gamma+2)/(4+\gamma)^2, 8a(\gamma+3)/[(\gamma+2)(4+\gamma)^2])$ 内，则此时利润分享合同和数量折扣合同是能同时实现制造商和零售商绩效改进的占优均衡策略。

当垄断供应链结构的制造商存在规模不经济时，制造商的利润分享比例在 $((c+2)/(4+c), (c^2+6c+12)/(4+c)^2)$ 范围内，或者提供的初始批发价格在 $(a(c+2)/(4+c), a(c^2+6c+12)/(4+c)^2)$ 内；而若垄断制造商消除了规模不经济，则制造商的利润分享比例在 $(0.5, 0.75)$ 范围内，初始批发价格在 $(0.5a, 0.75a)$ 内。

4.5　本章小结

本章基于链与链的数量竞争环境和制造商的规模不经济环境，以简单的批发价格合同为基准，分析制造商提供复杂合同（数量折扣合同或者纵向联盟的利润分享合同）时供应链绩效改进的情况，从制造商和零售商绩效均改进的双赢角度，以及供应链系统绩效改进的角度分别识别了纵向合同的选择和博弈均衡演化，并进一步分析了市场竞争强度和规模不经济参数对合同参数设计的影响。研究结果表明：

（1）纵向联盟的利润分享合同或者是数量折扣合同均能实现纵向协调，且在改进供应链绩效的作用方面是等价的，只是分配供应链系统利润的方法不一致，即两种合同的参数设置不一样。

（2）不管竞争对手供应链是采用复杂合同（如实施纵向联盟的利润分享合同，或者采用数量折扣合同）还是分散化的批发价格合同，只要本供应链通过提供复杂合同，并将合同参数设置在适度范围内时，可同时实现制造商和零售商绩效的 Pareto 改进和供应链系统绩效的改进，且完全不受横向竞争和制造商规模不经济的影响。此时的利润分享比例范围随着数量竞争强度的加剧而增大，随着规模不经济程度的增强而减小；数量折扣合同的初始批发价格可设置范围则随着规模不经济程度的增强而减小。当然，若合同参数设置过高（则零售商由于分享比例过低或者批发价格过高而不愿意接受合同）或过低（则制造商没有动力提供复杂合同），则无法同时改进上下游双方的绩效。

（3）若两条竞争性供应链采用相同的合同，无论制造商是否存在规模不经济，只要两条供应链间的竞争不激烈，制造商就有动力提供复杂合同（利润分享合同或数量折扣合同）；或者横向竞争相对较为激烈且制造商的规模不经济程度较强，制造商在面临较强的外部性和较强的自身规模不经济性，仍然愿意提供复杂合同并适当设置合同参数，以实现上下游绩效的 Pareto 改进。此时的复杂合同是竞争供应链的最终均衡，且该合同结构是上下游绩效均改进和供应链系统绩效改进的占优均衡。

（4）若两条供应链间的数量竞争很激烈，制造商又通过技术手段和管理方法降低了规模不经济的程度，则纵向联盟和数量折扣合同均失效，结合 McGuire & Staelin[7] 的结论可知，不管是基于制造商绩效改进的角度，还是制造商和零售商双方绩效均改进的双赢角度，以及不管是链与链竞争的控制结构选择还是纵向合同选择，只要制造商规模不经济效应较弱，则应依然采用分散化的批发价格合同应对激烈的价格竞争。

本书的研究结论充分拓展了 McGuire & Staelin[7] 等的研究成果，为竞争供应链环境下规模不经济企业的纵向合同选择提供了理论基础和实践参考价值。

第5章 合同可观测和规模不经济的链与链竞争两部定价合同选择

　　本章将继续第4章的内容，进一步研究规模不经济和链与链竞争环境下的纵向合同选择，与第4章的不同之处在于：首先，本章将针对可观测的两部定价合同（因为两部定价授权合同在行业内容易被竞争对手观测，所以考虑了其可观测性）进行研究；其次，本章不仅以批发价格合同的分销模式为基准，还将以中心化结构的直销模式作为比较的基准来研究采用两部定价合同的分销模式，即如何设计两部定价合同使得制造商绩效得到 Pareto 改进，以及制造商和零售商绩效同时得到 Pareto 改进。之所以这样考虑，是因为：从企业实践角度看，确实存在这种分销模式与分销模式之间的竞争、分销模式和直销模式之间的竞争，特别是分销模式和直销模式之间的竞争，如戴尔的制造商—顾客间的直销模式和联想的制造商—分销商—顾客的分销模式之间的竞争，麦当劳和肯德基采用直营与特许经营混合的竞争。在链与链竞争环境下，有必要研究基于中心化结构实现制造商绩效改进和基于批发价格合同实现上下游双方绩效均得到改进的纵向合同的设计。另外，从供应链理论来看，传统的供应链协调理论往往以批发价格合同为基准，考虑采用复杂合同协调供应链，从而使供应链系统绩效能够达到中心化最优的水平，即复杂合同达到的供应链系统绩效与中心化水平一致。而本书的研究则表明，只要两部定价合同的固定收费设置高于一个特定值，则其制造商的绩效优于中心化时的制造商绩效；同时无论竞争对手供应链是采用直销模式还是两部定价合同的分销模式，本供应链采用两部定价可实现供应链系统绩效优于中心化结构时的绩效。这充分打破了传统的供应链协调理论在竞争环境下的适用性，也说明在链与链竞争环境下，传统的供应链协调理论并不一定具有优越性。

本书的研究结论，一方面，为规模不经济企业在链与链竞争环境下通过设置合理的两部定价合同实现上下游双赢的长远发展提供了参考依据和设计路径；另一方面，也说明即使制造商是直营模式，也依然可以通过适当设计合同提高自身和供应链系统的绩效，如麦当劳和肯德基采用直营与特许经营的混合经营方式。本书的研究充分填补了链与链竞争环境下对规模不经济企业的纵向合同研究的空白，特别是采用两部定价合同改善直销模式或分销模式中上下游企业的绩效研究。

5.1　基本模型

本章将以提供批发价格合同的分销模式和采用中心化结构的直销模式为基准，考察两部定价合同改善制造商绩效、改善上下游绩效和改善供应链系统绩效的角度识别两部定价合同选择的博弈均衡和局限性，并分析规模不经济因子、数量竞争因子对两部定价合同选择与设计的影响。基于经济学原理，两个具有替代性产品的价格函数[106]如下：

$$p_i = a - d_i - \gamma d_j, j = 3 - i, i \in \{1,2\} \quad (5-1)$$

式中，a 为最高可行零售价格，即零售价格上限；d_i 为第 i 条供应链的产品订货量；p_i 为第 i 条供应链的产品价格；γ 为两种替代产品的交叉价格需求边际系数，即两条供应链的竞争强度，$0 < \gamma < 1$。

本书的两部定价合同结构为 $I_i = F_i + w_i d_i$，且因两部定价合同在行业内容易被竞争对手观测，所以假定其具有可观测性。为了方便考察以批发价格合同为基准的两部定价合同参数设计，假定批发价格合同也具有可观测性。制造商的规模不经济成本可设为 $cd_i^2/2$，其中 c 为规模不经济效应系数，是大于零的常数。制造商提供纵向合同时的博弈顺序为：首先，两条竞争性供应链的制造商同时提供批发价格合同或两部定价合同，由于合同具有可观测性，制造商之间的合同参数设计形成竞争均衡；其次，零售商们根据其制造商提供的合同选择订货量和零售价格，形成终端竞争均衡；最后，制造商满足零售商的订单，零售商满足市场需求，形成横向竞争市场。本书将分析五种情形下的均衡：两条竞争性供应链均采用批发价格合同的分散化结构对称链情形，均为中心化结构的对称链情形，均采用两部定价合同的对称链情形，分别采用两部定价合同和中心化结构的混合非对称情形，分别采用两部定价合同和批发价格合同时的混合非对称情形。

5.2　基于不同合同或纵向结构下的均衡结果

5.2.1　合同可观测时分散化结构的对称链

基于数量竞争和规模不经济的链与链纵向合同选择，首先分析两条竞争性供应链均采用批发价格合同的分散化结构，则零售商和制造商的决策函数分别为

$$\max_{d_i} R_i = \max_{d_i} \{(a - d_i - \gamma d_j) d_i - w_i d_i\} \quad (5-2)$$

$$\max_{w_i} M_i = \max_{w_i} \{w_i d_i - cd_i^2/2\} \quad (5-3)$$

根据制造商与零售商间的博弈规则，先由式（5-2）求出零售商的最优订货数量为

$$d_i = (a - w_i - \gamma d_j)/2 \qquad (5-4)$$

因为两条竞争性供应链之间的合同是可以相互被竞争对手观测到的，相应的订货量也可观测到，所以可以求得竞争性零售商 i 和零售商 j 关于订货量的均衡为

$$d_i = (2a - \gamma a - 2w_i + \gamma w_j)/(4 - \gamma^2) \qquad (5-5)$$

$$d_j = (2a - \gamma a - 2w_j + \gamma w_i)/(4 - \gamma^2) \qquad (5-6)$$

将式（5-5）和式（5-6）代入式（5-3），可得制造商的最优批发价格函数为

$$w_i = \frac{(2a - \gamma a + \gamma w_j)(4 + 2c - \gamma^2)}{4(4 + c - \gamma^2)} \qquad (5-7)$$

根据纵向合同的可观测性，并将该竞争供应链结构标记为 ww，可求得最优批发价格函数均衡为

$$w_{iww} = w_{jww} = \frac{a(4 + 2c - \gamma^2)}{8 + 2c + 2\gamma - \gamma^2} \qquad (5-8)$$

进而可得订货数量的竞争均衡为

$$d_{iww} = 2a/(8 + 2c + 2\gamma - \gamma^2) \qquad (5-9)$$

则可得制造商和零售商的利润函数为

$$M_{iww} = 2a^2(4 + c - \gamma^2)/(8 + 2c + 2\gamma - \gamma^2)^2 \qquad (5-10)$$

$$R_{iww} = 4a^2/(8 + 2c + 2\gamma - \gamma^2)^2 \qquad (5-11)$$

供应链系统的利润函数为

$$T_{iww} = 2a^2(6 + c - \gamma^2)/(8 + 2c + 2\gamma - \gamma^2)^2 \qquad (5-12)$$

5.2.2　合同可观测时中心化结构的对称链

考虑两条竞争性供应链均为中心化结构，此时供应链系统的决策函数为

$$\max_{d_i} T_i = \max_{d_i} \{(a - d_i - \gamma d_j) d_i - cd_i^2/2\} \qquad (5-13)$$

根据制造商与零售商的纵向博弈规则和合同的可观测性，采用倒推法则，并将此时竞争供应链结构标记为 cc，则订货数量

均衡为

$$d_{icc} = a/(2 + c + \gamma) \qquad (5-14)$$

进而可求得中心化结构的供应链系统利润函数为

$$T_{icc} = M_{icc} = a^2(2 + c)/[2(2 + c + \gamma)^2] \qquad (5-15)$$

5.2.3 合同可观测时采用两部定价合同的对称链

考虑两条竞争性供应链均采用两部定价合同，此时零售商的决策函数为

$$\max_{d_i} R_i = \max_{d_i} \{(a - d_i - \gamma d_j) d_i - F_i - w_i d_i\} \qquad (5-16)$$

因为制造商提供的是两部定价合同，可以通过收取固定费用调节其自身利润的大小，所以制造商可以通过使得所在供应链条利润最大化来确定批发价格，则其决策函数为

$$\max_{w_i} T_i = \max_{w_i} \{(a - d_i - \gamma d_j) d_i - cd_i^2/2\} \qquad (5-17)$$

根据制造商与零售商的纵向博弈规则和合同的可观测性，采用倒推法则，并将此时竞争供应链结构标记为 tt，则订货数量均衡和最优批发价格均衡函数分别为

$$d_{itt} = 2a/(4 + 2c + 2\gamma - \gamma^2) \qquad (5-18)$$

$$w_{itt} = a(2c - \gamma^2)/(4 + 2c + 2\gamma - \gamma^2) \qquad (5-19)$$

进而可求得制造商和零售商的最大利润函数为

$$M_{itt} = 2a^2(3c - \gamma^2)/(4 + 2c + 2\gamma - \gamma^2)^2 + F_i \qquad (5-20)$$

$$R_{itt} = 4a^2/(4 + 2c + 2\gamma - \gamma^2)^2 - F_i \qquad (5-21)$$

供应链系统的利润函数为

$$T_{itt} = 2a^2(3c + 2 - \gamma^2)/(4 + 2c + 2\gamma - \gamma^2)^2 \qquad (5-22)$$

5.2.4 合同可观测时两部定价和中心化结构的混合非对称情形

此时的竞争供应链结构为：供应链 1 为采用两部定价合同的

分销模式，供应链 2 为采用中心化结构的直销模式。首先，零售商 1 的决策函数为

$$\max_{d_1} R_1 = \max_{d_1} \{(a - d_1 - \gamma d_2) d_1 - F_1 - w_1 d_1\} \quad (5-23)$$

由式（5-23）可得零售商 1 的最优订货数量为

$$d_1 = (a - w_1 - \gamma d_2)/2 \quad (5-24)$$

供应链 2 的系统绩效决策函数为

$$\max_{d_2} T_2 = \max_{d_2} \{(a - d_2 - \gamma d_1) d_2 - cd_2^2/2\} \quad (5-25)$$

由式（5-25）可得供应链 2 的最优订货数量为

$$d_2 = (a - \gamma d_1)/(2 + c) \quad (5-26)$$

可得订货数量的竞争均衡为

$$d_1 = \frac{ac - a\gamma + 2a - 2w_1 - cw_1}{4 + 2c - \gamma^2} \quad (5-27)$$

$$d_2 = \frac{2a - a\gamma + \gamma w_1}{4 + 2c - \gamma^2} \quad (5-28)$$

由于制造商 1 提供的是两部定价合同，可以通过收取固定费用调节其自身利润的大小，所以制造商 1 可以通过使得所在供应链条利润最大化来确定批发价格，则其决策函数为

$$\max_{w_1} T_1 = \max_{w_1} \{(a - d_1 - \gamma d_2) d_1 - cd_1^2/2\} \quad (5-29)$$

可得最优批发价格函数为

$$w_{1tc} = \frac{a(2 + c - \gamma)(2c + c^2 - \gamma^2)}{(2 + c)(4 + 4c + c^2 - 2\gamma^2)} \quad (5-30)$$

并将此时竞争供应链结构标记为 tc，则订货数量的竞争均衡为

$$d_{1tc} = \frac{a(2 + c - \gamma)}{4 + 4c + c^2 - 2\gamma^2} \quad (5-31)$$

$$d_{2tc} = \frac{a(4 + 4c - 2\gamma - c\gamma + c^2 - \gamma^2)}{(2 + c)(4 + 4c + c^2 - 2\gamma^2)} \quad (5-32)$$

进而可求得制造商 1 和零售商 1 的最大利润函数分别为

$$M_{1tc} = \frac{a^2(2+c-\gamma)^2(2c-2\gamma^2+c^2)}{2(2+c)(4+4c+c^2-2\gamma^2)^2} + F_1 \quad (5-33)$$

$$R_{1tc} = \frac{a^2(2+c-\gamma)^2}{(4+4c+c^2-2\gamma^2)^2} - F_1 \quad (5-34)$$

供应链系统 1 和供应链系统 2 的整体绩效为

$$T_{1tc} = \frac{a^2(2+c-\gamma)^2}{2(2+c)(4+4c+c^2-2\gamma^2)} \quad (5-35)$$

$$T_{2tc} = M_{2tc} = a^2(4+4c+c^2-\gamma^2-2\gamma-c\gamma)^2(2c-2\gamma^2+c^2)/[2(2+c)(4+4c+c^2-2\gamma^2)^2] \quad (5-36)$$

5.2.5 合同可观测时两部定价和批发价格合同的混合非对称情形

假定第一条供应链采用的是两部定价合同的分销模式，第二条供应链采用的是批发价格合同的分销模式。两条供应链中零售商的决策函数分别为

$$\max_{d_1} R_1 = \max_{d_1} \{(a-d_1-\gamma d_2)d_1 - F_1 - w_1 d_1\} \quad (5-37)$$

$$\max_{d_2} R_2 = \max_{d_2} \{(a-d_2-\gamma d_1)d_2 - w_2 d_2\} \quad (5-38)$$

由于制造商提供的合同是两部定价合同，于是两条供应链中制造商的决策函数为分别为

$$\max_{w_1} T_1 = \max_{w_1} \{(a-d_1-\gamma d_2)d_1 - cd_1^2/2\} \quad (5-39)$$

$$\max_{w_2} M_2 = \max_{w_2} \{w_2 d_2 - cd_2^2/2\} \quad (5-40)$$

将此时竞争供应链结构标记为 tw，由式（5-37）～式（5-40）可得两条竞争性供应链的订货数量均衡和最优批发价格均衡函数分别为

$$d_{1tw} = \frac{2a(2c+8-2\gamma-\gamma^2)}{32+24c+4c^2-16\gamma^2-4c\gamma^2+\gamma^4} \quad (5-41)$$

$$d_{2tw} = \frac{2a(2c+4-2\gamma-\gamma^2)}{32+24c+4c^2-16\gamma^2-4c\gamma^2+\gamma^4} \quad (5-42)$$

$$w_{1tw} = \frac{a(2c - \gamma^2)(2c + 8 - 2\gamma - \gamma^2)}{32 + 24c + 4c^2 - 16\gamma^2 - 4c\gamma^2 + \gamma^4} \quad (5-43)$$

$$w_{2tw} = \frac{a(4 + 2c - \gamma^2)(2c + 4 - 2\gamma - \gamma^2)}{32 + 24c + 4c^2 - 16\gamma^2 - 4c\gamma^2 + \gamma^4} \quad (5-44)$$

结合式（5-19）和式（5-30），可得数量竞争和规模不经济对批发价格的影响特征如下：

命题 5-1　①当 $0 < \gamma < \min(\sqrt{2c}, 1)$ 时，$w_{itt} > 0$，$w_{1tw} > 0$。②当 $0 < \gamma < \min(\sqrt{c^2 + 2c}, 1)$ 时，$w_{1tc} > 0$。③当 $\sqrt{2c} < \gamma < 1$，且 $0 < c < 0.5$ 时，$w_{itt} < 0$，$w_{1tw} < 0$；当 $\sqrt{c^2 + 2c} < \gamma < 1$，且 $0 < c < 0.4142$ 时，$w_{1tc} < 0$。

命题 5-1①②表明，若两条供应链之间的横向竞争相对较弱且严重依赖于规模不经济效应系数，则采用两部定价合同时可变收费为正。

命题 5-1③表明，若横向竞争相对较激烈且规模不经济相对较弱，则须采用可变收费补贴性质的两部定价合同。

为了考察数量竞争和规模不经济对数量竞争均衡的影响特征，记 $\dfrac{\partial d_{1tw}}{\partial \gamma} = 0$ 的解为 c_1 和 c_2，记 $\dfrac{\partial d_{2tw}}{\partial c} = 0$ 的解为 c_3 和 c_4，则 c_1，c_2，c_3 和 c_4 分别如下：

$$c_1 = (\gamma^3 + \gamma^2 - 10\gamma + 6 + 2\sqrt{1 + 2\gamma - 2\gamma^3})/[2(\gamma - 1)]$$

$$c_2 = (\gamma^3 + \gamma^2 - 10\gamma + 6 - 2\sqrt{1 + 2\gamma - 2\gamma^3})/[2(\gamma - 1)]$$

$$c_3 = (\gamma^2 + 2\gamma - 4 + 2\sqrt{2\gamma})/2$$

$$c_4 = (\gamma^2 + 2\gamma - 4 - 2\sqrt{2\gamma})/2$$

引理 5-1　①$c_1 < 0$，$c_4 < 0$；②当 $0.3626 < \gamma < 1$ 时，$c_2 > 0$；③当 $0.6494 < \gamma < 1$ 时，$c_3 > 0$。

命题 5-2　①当 $0.3626 < \gamma < 1$ 时，$0 < c < c_2$，$\partial d_{1tw}/\partial \gamma > 0$；②当 $0.6494 < \gamma < 1$ 时，$0 < c < c_3$，$\partial d_{2tw}/\partial c > 0$。

证明：$\partial d_{1tw}/\partial \gamma$ 和 $\partial d_{2tw}/\partial c$ 分别如下：

$$\frac{\partial d_{1tw}}{\partial \gamma} = \frac{16a(\gamma-1)(c-c_1)(c-c_2)}{(32+24c+4c^2-16\gamma^2-4c\gamma^2+\gamma^4)^2}$$

$$\frac{\partial d_{2tw}}{\partial c} = \frac{-16a(c-c_3)(c-c_4)}{(32+24c+4c^2-16\gamma^2-4c\gamma^2+\gamma^4)^2}$$

结合引理 5-1 可知，当 $0.3626<\gamma<1$ 时，$0<c<c_2$，$\partial d_{1tw}/\partial \gamma>0$；当 $0.6494<\gamma<1$ 时，$0<c<c_3$，$\partial d_{2tw}/\partial c>0$。因此命题 5-2 得证。

命题 5-2 表明，两条竞争性供应链分别采用批发价格合同和两部定价合同时，零售商间的数量竞争和制造商的规模不经济不一定呈现负面影响，则：①当竞争强度在 $(0.3626,1)$ 范围内，规模不经济程度相对较弱且严重依赖于数量竞争强度时，两部定价合同所在链条的订货数量随着竞争强度的加强而增大；②当竞争较为激烈，其强度在 $(0.6494,1)$ 范围内，规模不经济程度相对较弱且严重依赖于数量竞争强度时，批发价格合同所在链条的订货数量随着规模不经济程度的加剧而增大。

将最优批发价格函数和最优订货量代入利润函数，并将此时供应链结构标记为 tw，则制造商和零售商的利润函数分别为

$$M_{1tw} = \frac{2a^2(c-\gamma^2)(2c+8-2\gamma-\gamma^2)^2}{(32+24c+4c^2-16\gamma^2-4c\gamma^2+\gamma^4)^2}+F_i \quad (5-45)$$

$$R_{1tw} = \frac{4a^2(2c+8-2\gamma-\gamma^2)^2}{(32+24c+4c^2-16\gamma^2-4c\gamma^2+\gamma^4)^2}-F_i \quad (5-46)$$

$$M_{2tw} = \frac{2a^2(4+c-\gamma^2)(2c+4-2\gamma-\gamma^2)^2}{(32+24c+4c^2-16\gamma^2-4c\gamma^2+\gamma^4)^2} \quad (5-47)$$

$$R_{2tw} = \frac{4a^2(2c+4-2\gamma-\gamma^2)^2}{(32+24c+4c^2-16\gamma^2-4c\gamma^2+\gamma^4)^2} \quad (5-48)$$

两条供应链的系统绩效分别为

$$T_{1tw} = \frac{2a^2(2+c-\gamma^2)(2c+8-2\gamma-\gamma^2)^2}{(32+24c+4c^2-16\gamma^2-4c\gamma^2+\gamma^4)^2} \quad (5-49)$$

$$T_{2tw} = \frac{2a^2(6+c-\gamma^2)(2c+4-2\gamma-\gamma^2)^2}{(32+24c+4c^2-16\gamma^2-4c\gamma^2+\gamma^4)^2} \quad (5-50)$$

5.3　以批发价格合同为基准时上下游双赢的两部定价合同选择与设计

5.3.1　两条供应链采用相同合同时的两部定价合同选择与设计

记$M_{1tt}=M_{1uw}$和$R_{1tt}=R_{1uw}$关于固定收费的边界分别为F_{11}和F_{12}，具体如下：

$$F_{11} = 4\,a^2\big[4\,c^3 + 4(2+\gamma)(4-\gamma)\,c^2 + (56+\gamma^4 - 16\,\gamma^2 - 4\gamma^3 + 24\gamma)c - 32 - 16\,\gamma^2 - 32\gamma + 2\,\gamma^4\big]/\big[-(2c+4+2\gamma-\gamma^2)^2 (2c+8+2\gamma-\gamma^2)^2\big]$$

$$F_{12} = \frac{32\,a^2(2c-\gamma^2+2\gamma+6)}{(2c+4+2\gamma-\gamma^2)^2\,(2c+8+2\gamma-\gamma^2)^2}$$

记F_{11}关于c的实数解为c_5，F_{12}关于c的实数解为c_6，具体如下：

$$c_{5=}\frac{A^{1/3}}{6} + \frac{44+28\gamma-2\,\gamma^3+\gamma^4/2}{3\,A^{1/3}} - \frac{8}{3} - \frac{2\gamma}{3} + \frac{\gamma^2}{3}$$

式中

$$A = 800 + 528\gamma - 24\,\gamma^2 - 88\,\gamma^3 - 6\,\gamma^4 + 6\,\gamma^5 - \gamma^6 + 6(3\,\gamma^8 - 12672\gamma - 16320\,\gamma^2 - 192\,\gamma^4 - 6912\,\gamma^3 - 24\,\gamma^6 + 432\,\gamma^5 - 1152 - 24\,\gamma^7)^{1/2}$$

$$c_{6=}\frac{B^{1/3}}{6} + 2\frac{(10+14\gamma-\gamma^3+\frac{\gamma^4}{4})}{3\,B^{1/3}} - \frac{8}{3} - \frac{2\gamma}{3} + \frac{\gamma^2}{3}$$

式中

$$B = 656 + 384\gamma + 48\,\gamma^2 - 88\,\gamma^3 - 6\,\gamma^4 + 6\,\gamma^5 - \gamma^6 + 6(3\,\gamma^8 + 6528\gamma - 4608\,\gamma^2 + 528\,\gamma^5 - 24\,\gamma^7 - 24\,\gamma^6 - 672\,\gamma^4 - 6528\,\gamma^3 + 10176)^{1/2}$$

引理 $5-2$　①$c_5>0$；②当$0.553<\gamma<1$时，$c_6>0$，且$\partial c_6/\partial\gamma>0$；③当$0<c<c_5$时，$F_{11}>0$，否则反之；④$F_{12}>0$；⑤当$c>\max(c_6,0)$时，$F_{11}<F_{12}$。

命题 $5-3$　当$c>\max(c_6,0)$，即$0<\gamma<0.553$，或者当$0.553<\gamma<1$且$c>c_6>0$时，$F_{11}<F_1<F_{12}$，则$M_{1tt}>M_{1ww}$，$R_{1tt}>R_{1ww}$。

证明：制造商和零售商在两部定价合同和批发价格合同下的绩效之差分别为

$$M_{1tt}-M_{1ww}=F_1-F_{11},\ R_{1tt}-R_{1ww}=-F_1+F_{12}$$

式中，$F_{12}>0$，且

$$F_{11}=\frac{16\,a^2(c-c_5)\left[(c-A)^2+B^2\right]}{-(2c+4+2\gamma-\gamma^2)^2(2c+8+2\gamma-\gamma^2)^2}$$

$$F_{11}-F_{12}=\frac{16\,a^2(c-c_6)\left[(c-C)^2+D^2\right]}{-(2c+4+2\gamma-\gamma^2)^2(2c+8+2\gamma-\gamma^2)^2}$$

其中

$$C=\frac{-B^{1/3}}{12}+\frac{-\left(10+14\gamma-\gamma^3+\dfrac{\gamma^4}{4}\right)}{3\,B^{1/3}}-\frac{8}{3}-\frac{2\gamma}{3}+\frac{\gamma^2}{3}$$

$$D=\frac{\sqrt{3}\,(B^{1/3}+4\,\gamma^3-\gamma^4-56\gamma-40)}{12\,B^{1/3}}$$

于是可知当$0<c<c_5$时，$F_{11}>0$；当$c>\max(c_6,0)$时，$F_{11}<F_{12}$。所以当$c>\max(c_6,0)$，即$0<\gamma<0.553$，或者当$0.553<\gamma<1$且$c>c_6>0$时，$F_{11}<F_1<F_{12}$，则$M_{1tt}>M_{1ww}$，$R_{1tt}>R_{1ww}$。因此命题$5-3$得证。

命题$5-3$表明，当制造商的规模不经济程度非常高时，如图$5-1$中区域Ⅰ所示，则采用两部定价合同的固定收费可正可负（此时$F_{11}<0$，$F_{12}>0$，$F_{11}<F_1<F_{12}$）；若固定收费为负，则表明制造商对零售商进行固定收费补贴并调节批发价格使其利润最大化。此时通过对固定收费进行调节，使之在(F_{11},F_{12})

范围内，不仅可以实现两部定价合同时的制造者绩效高于批发价格合同时的制造商绩效，而且也能实现此时的零售商绩效的改进，即能同时实现制造商和零售商绩效的 Pareto 改进。

当制造商的规模不经济程度相对适中时，如图 5-1 中区域Ⅱ所示，则通过调节固定收费使之在 $(F_{11}，F_{12})$ 范围内，采用两部定价合同能实现制造商和零售商的双赢。

而当制造商的规模不经济程度相对较低，且横向市场竞争比较激烈时，如图 5-1 中区域Ⅲ所示，则两部定价合同对制造商和零售商而言已经失效，即横向外部性的加强及制造商的弱规模不经济性导致两部定价合同失效。

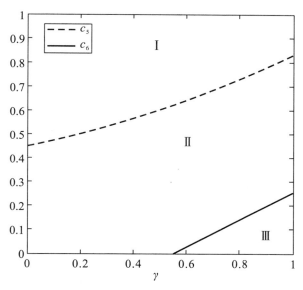

图 5-1　当 $a=1$，$c=0.2$ 时 c_5 和 c_6 与 γ 的关系图

为了直观地观测规模不经济对固定收费的影响，令 $a=1$，$\gamma=0.88$，得到图 5-2 所示。当规模不经济程度相对较低，如图5-2 中区域Ⅳ所示，制造商和零售商采用两部定价合同实现双

赢的区域根本不存在，而随着规模不经济程度的加剧，双赢区域逐渐显现。由图 5－2 可知，区域 V 为实现双赢的固定收费区域，且该区域随着规模不经济程度的加重而逐渐增大，表明制造商和零售商采用两部定价合同实现双赢的固定收费可调范围逐渐增大。

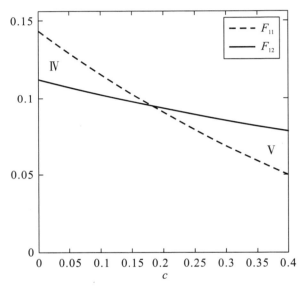

图 5－2　当 $a=1$，$\gamma=0.88$ 时 F_{11} 和 F_{12} 与 c 的关系图

为了直观地观测数量竞争强度对固定收费的影响，令 $a=1$，$c=0.2$，得到图 5－3。由图 5－3 可知，区域 V 为采用两部定价合同能同时实现制造商和零售商双赢的固定收费可调范围，但该可调范围随着数量竞争强度的加强而逐渐减小。

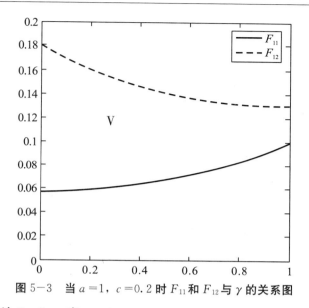

图 5-3　当 $a=1$，$c=0.2$ 时 F_{11} 和 F_{12} 与 γ 的关系图

推论 5-1　当 $c=0$，$0<\gamma<0.553$，且 $F_{11}<F_1<F_{12}$ 时，$M_{1tt}>M_{1uw}$，$R_{1tt}>R_{1uw}$。

推论 5-1 表明，若制造商通过技术革新等手段消除了规模不经济，则当横向数量竞争强度小于 0.553，且制造商设置合适的固定费用〔在$(F_{11}，F_{12})$ 范围内〕，则制造商和零售商均能实现绩效改进。

推论 5-2　当 $0.553<\gamma<1$ 且 $0\leqslant c<c_6$ 时，$F_{11}>F_{12}$，两部定价合同失效。

推论 5-2 表明，当横向数量竞争强度大于 0.553，且制造商的规模不经济效应较弱或者制造商的生产不存在规模不经济时，实现制造商和零售商绩效均改进的两部定价合同失效。结合 McGuire & Staelin[7] 的结论可知，只要制造商的规模不经济性不强（即很弱或者没有），横向外部性的加强将导致两部定价合同失效，而分散化结构比中心化结构或两部定价合同能更好地应对横向激烈的竞争（不管是数量竞争还是价格竞争）。

5.3.2 竞争对手供应链采用批发价格合同时的两部定价合同选择与设计

记$M_{1tw}=M_{1uw}$和$R_{1tw}=R_{1uw}$关于固定收费的边界分别为F_{13}和F_{14}，具体如下：

$$F_{13} = 8a^2\left[(16+8\gamma^2)c^3+(192+48\gamma^2-12\gamma^4)c^2+(768+6\gamma^6-68\gamma^4)c+1024+20\gamma^6-256\gamma^2-64\gamma^4-\gamma^8\right]/\left[(32+24c+4c^2+\gamma^4-4c\gamma^2-16\gamma^2)^2(2c+8+2\gamma-\gamma^2)^2\right]$$

$$F_{14}=32a^2(2c+8-\gamma^2)(4c^2+28c-4c\gamma^2+48\gamma^4-18\gamma^2)/\left[(32+24c+4c^2+\gamma^4-4c\gamma^2-16\gamma^2)^2(2c+8+2\gamma-\gamma^2)^2\right]$$

引理 5-3 $F_{13}<F_{14}$。

命题 5-4   当$F_{13}<F_1<F_{14}$时，$M_{1tw}>M_{1uw}$，$R_{1tw}>R_{1uw}$。

证明： $M_{1tw}-M_{1uw}=F_1-F_{13}$，且$R_{1tw}-R_{1uw}=-F_1+F_{14}$，所以当$F_1>F_{13}$时，$M_{1tw}>M_{1uw}$；当$F_1<F_{14}$时，$R_{1tw}>R_{1uw}$。

并且

$$F_{14}-F_{13}=8a^2\left[(16-8\gamma^2)c^3+(160-96\gamma^2+12\gamma^4)c^2+(512-6\gamma^6-384\gamma^2+92\gamma^4)c+512-24\gamma^6-512\gamma^2+168\gamma^4+\gamma^8\right]/\left[(32+24c+4c^2+\gamma^4-4c\gamma^2-16\gamma^2)^2(2c+8+2\gamma-\gamma^2)^2\right]>0$$

于是可知当$F_{13}<F_1<F_{14}$时，$M_{1tw}>M_{1uw}$，$R_{1tw}>R_{1uw}$。因此命题5-4得证。

命题5-4表明，如果竞争对手供应链采用批发价格合同，本链通过调整固定收费，使其在（F_{13}，F_{14}）范围内，且该范围严重依赖于数量竞争强度和规模不经济的程度，则可使得采用两部定价合同下的制造商和零售商绩效同时实现Pareto的改进。若固定收费过高或过低，则不能同时实现制造商和零售商绩效的改进。

为了直观地观测规模不经济程度对范围（F_{13}，F_{14}）的影响，令$a=1$，$\gamma=0.5$，得到图5-4。由图5-4可知，实现制造商和零售商绩效均改进的固定收费范围为图 5-4 中区域Ⅵ，且该固定收费区域随着规模不经济效应系数的逐渐增大而减少。

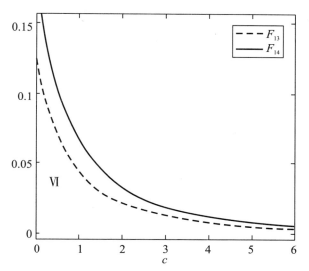

图 5-4 当 $a=1$，$\gamma=0.5$ 时 F_{13} 和 F_{14} 与 c 的关系图

为了直观地观测数量竞争强度对固定收费均衡范围（F_{13}，F_{14}）的影响，令 $a=1$，$c=2$，得到图 5-5。由图 5-5 可知，区域Ⅵ为改进制造商和零售商双方绩效的固定收费可设置范围，即制造商和零售商采用两部定价合同能实现双赢，且该区域随着竞争强度的加剧而逐渐减小。

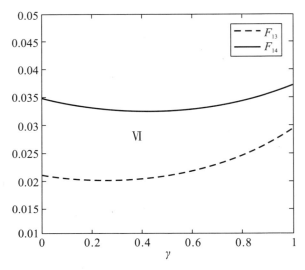

图 5-5 当 $a=1$，$c=2$ 时 F_{13} 和 F_{14} 与 γ 的关系图

5.3.3 竞争对手供应链采用两部定价合同时的纵向合同选择与设计

记 $M_{2tt}=M_{2tw}$ 和 $R_{2tt}=R_{2tw}$ 关于 F_2 的边界函数分别为 F_{21} 和 F_{22}，具体如下：

$$F_{21}=-4a^2[16c^5+(192-32\gamma^2)c^4+(800+24\gamma^4-336\gamma^2)c^3+(1280-1056\gamma^2-8\gamma^6+200\gamma^4)c^2+(384+\gamma^8-44\gamma^6+392\gamma^4-832\gamma^2)c+512+384\gamma^2-32\gamma^4-24\gamma^6+2\gamma^8]/[(32+24c+4c^2+\gamma^4-4c\gamma^2-16\gamma^2)^2(2c+4+2\gamma-\gamma^2)^2]$$

$$F_{22}=32a^2(2c+4-\gamma^2)(4c^2+20c-4c\gamma^2+24+\gamma^4-14\gamma^2)/[(32+24c+4c^2+\gamma^4-4c\gamma^2-16\gamma^2)^2(2c+4+2\gamma-\gamma^2)^2]$$

引理 5-4 $F_{21}<F_{22}$，$F_{22}>0$。

命题 5-5 当 $F_{21}<F_2<F_{22}$ 时，则 $M_{2tt}>M_{2tw}$，$R_{2tt}>R_{2tw}$。

证明： 若竞争对手供应链采用两部定价合同，则本链采用两部定价合同或批发价格合同带来的制造商绩效之差、零售商绩效

之差分别为

$$M_{2tt} - M_{2tw} = F_2 - F_{21}$$
$$R_{2tt} - R_{2tw} = -F_2 + F_{22}$$

可知当 $F_{21} < F_2$ 时，$M_{2tt} > M_{2tw}$；当 $F_2 < F_{22}$ 时，$R_{2tt} > R_{2tw}$。

$F_{22} - F_{21} = 4a^2[16c^5 + (192 - 32\gamma^2)c^4 + (864 + 24\gamma^4 - 336\gamma^2)c^3 + (1728 - 1152\gamma^2 - 8\gamma^6 + 200\gamma^4)c^2 + (1408 + \gamma^8 - 44\gamma^6 + 440\gamma^4 - 1344\gamma^2)c + 256 - 256\gamma^2 + 112\gamma^4 - 32\gamma^6 + 2\gamma^8]/[(32 + 24c + 4c^2 + \gamma^4 - 4c\gamma^2 - 16\gamma^2)^2(2c + 4 + 2\gamma - \gamma^2)^2] > 0$

即 $F_{22} > F_{21}$。于是可知当 $F_{21} < F_2 < F_{22}$ 时，$M_{2tt} > M_{2tw}$，$R_{2tt} > R_{2tw}$。因此命题 5-5 得证。

命题 5-5 表明，如果竞争对手供应链采用两部定价合同，本链采用两部定价合同并调节固定收费，使之在（F_{21}，F_{22}）范围内，且该范围严重依赖于数量竞争强度和规模不经济的程度，则可使制造商和零售商同时实现绩效的 Pareto 改进。若固定收费过高或过低，则实现制造商和零售商双赢的两部定价合同失效。

为了直观地观测规模不经济程度对固定收费范围的影响，令 $a = 1$，$\gamma = 0.5$，得到图 5-6。由图 5-6 可知，区域Ⅶ和区域Ⅷ为采用两部定价合能同时实现制造商和零售商绩效改进的固定收费可调区域，且该区域随着规模不经济效应系数的增大而先增大后减小，其中区域Ⅷ为负的收费区域，即实行两部定价合同的固定收费补贴合同，并通过调节批发价格使制造商和零售商同时实现双赢。

为了直观地观测数量竞争强度对固定收费范围的影响，令 $a = 1$，$c = 2$，得到图 5-7。由图 5-7 可知，区域Ⅸ和区域Ⅹ为采用两部定价合能同时实现制造商和零售商绩效改进的固定收费可调区域，其中区域Ⅹ为负的固定收费区域，即采用为补偿性质的固定收费，且该补贴区域随着数量竞争强度的加剧而减小。

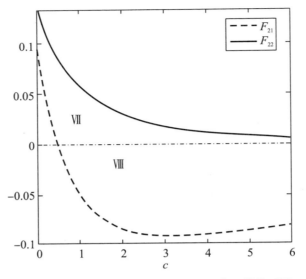

图 5—6 当 $a=1$，$\gamma=0.5$ 时 F_{21} 和 F_{22} 与 c 的关系图

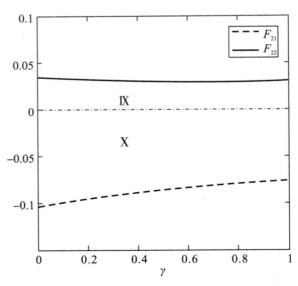

图 5—7 当 $a=1$，$c=2$ 时 F_{21} 和 F_{22} 与 γ 的关系图

5.3.4　纵向合同选择的演变过程

引理 5-5　①$M_{1tt}>M_{1ut}$，$R_{1tt}>R_{1ut}$（根据对称性，由 $M_{2tt}>M_{2tw}$，$R_{2tt}>R_{2tw}$ 可得）；②$F_{21}<F_{11}<F_{13}$，$F_{12}<F_{22}<F_{14}$；③若 $F_{13}<F_{12}$，则 $F_{21}<F_{11}<F_{13}<F_1<F_{12}<F_{22}<F_{14}$。

证明：各固定费用边界值的大小比较如下：

$F_{11}-F_{21}=32\gamma a^2[4c^3+(40-8\gamma^2)c^2+(128+5\gamma^4-56\gamma^2-4\gamma)c+128-16\gamma-96\gamma^2-\gamma^6+4\gamma^3+20\gamma^4]/[(32+24c+4c^2+\gamma^4-4c\gamma^2-16\gamma^2)^2(2c+8+2\gamma-\gamma^2)^2]>0$

$F_{13}-F_{11}=4a^2[16c^5+(192-32\gamma^2)c^4+(832-32\gamma+24\gamma^4-320\gamma^2)c^3+(1536-192\gamma+64\gamma^3-1024\gamma^2-8\gamma^6+176\gamma^4)c^2+(1024-32\gamma^6-256\gamma-40\gamma^5-1056\gamma^2+320\gamma^4+320\gamma^3+\gamma^8)c+32\gamma^4+256\gamma^3+8\gamma^7-128\gamma^5]/[(32+24c+4c^2+\gamma^4-4c\gamma^2-16\gamma^2)^2(2c+4+2\gamma-\gamma^2)^2]>0$

$F_{22}-F_{12}=64\gamma a^2(4c^2+24c-4c\gamma^2+32+\gamma^4-16\gamma^2-4\gamma)/[(32+24c+4c^2+\gamma^4-4c\gamma^2-16\gamma^2)^2(2c+8+2\gamma-\gamma^2)^2]>0$

$F_{14}-F_{22}=512\gamma a^2[8c^3+(72-12\gamma^2+12\gamma)c^2+(208-12\gamma^3-72\gamma^2+72\gamma+6\gamma^4)c+192+18\gamma^4-\gamma^6+104\gamma-104\gamma^2-40\gamma^3+3\gamma^5)]/[(32+24c+4c^2+\gamma^4-4c\gamma^2-16\gamma^2)^2(2c+8+2\gamma-\gamma^2)^2]>0$

所以 $F_{21}<F_{11}<F_{13}$，$F_{12}<F_{22}<F_{14}$。于是可得当 $F_{13}<F_{12}$，即 $F_{21}<F_{11}<F_{13}<F_1<F_{12}<F_{22}<F_{14}$ 时，$M_{1tt}>M_{1ut}$，$R_{1tt}>R_{1ut}$，$M_{1tt}>M_{1ww}$，$R_{1tt}>R_{1ww}$，$M_{1tw}>M_{1ww}$，$R_{1tw}>R_{1ww}$。因此引理 5-5 得证。

命题 5-6　若 $F_{13}<F_{12}$，则 $F_{13}<F_1<F_{12}$，竞争性供应链的纵向合同选择的动态演变过程为 $ww\to tw/wt\to tt$，且 tt 为均有占优均衡性质的纵向合同。

命题 5-6 表明，若 $F_{13} < F_{12}$，则通过调节固定收费，使之在（F_{13}，F_{12}）范围内，如图 5-8 中区域 XI 和图 5-9 中区域 XII 所示，此时竞争供应链的纵向均衡合同为两部定价合同，且该合同为能使制造商和零售商绩效同时实现 Pareto 改进的占优均衡合同。同时由图 5-8 和图 5-9 可以看出，该固定收费可调范围随着数量竞争强度的加剧而逐渐减小，直至为零，而随着规模不经济程度的加剧而逐渐增大。

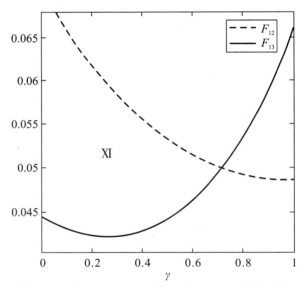

图 5-8　当 $a = 1$，$c = 1$ 时 F_{12} 和 F_{13} 与 γ 的关系图

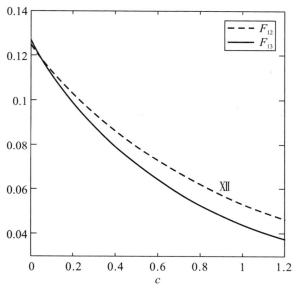

图 5-9　当 $a=1$，$\gamma=0.5$ 时 F_{12} 和 F_{13} 与 c 的关系图

推论 5-3　当 $c=0$ 且 $0<\gamma<0.486$ 时，$F_{13}<F_{12}$，即有 $F_{21}<F_{11}<F_{13}<F_1<F_{12}<F_{22}<F_{14}$，则纵向合同选择的动态演变过程为 $ww \rightarrow tw/wt \rightarrow tt$，且 tt 为均有占优均衡性质的纵向合同。

推论 5-3 表明，当制造商不存在规模不经济或者通过提升管理能力和技术消除了生产的规模不经济现象，则当横向竞争强度小于 0.486 时，纵向合同的选择由批发价格合同最终演变为两部定价合同，且两部定价合同是能使制造商和零售商均实现 Pareto 改进的最终占优均衡合同。

5.4　以批发价格合同为基准时供应链系统绩效改进的纵向合同选择

由供应链在不同合同结构下的供应链绩效可得如下命题：

命题 5-7　①当 $c > \max(c_6, 0)$ 时，$T_{itt} > T_{iww}$；②当 $0.553 < \gamma < 1$ 且 $0 < c < c_6$ 时，$T_{itt} < T_{iww}$。

证明：制造商分别采用两部定价合同或者批发价格合同时的供应链系统绩效之差为

$$T_{itt} - T_{iww} = \frac{16\, a^2 (c - c_6)\left[(c - C)^2 + D^2\right]}{(2c + 4 + 2\gamma - \gamma^2)^2 (2c + 8 + 2\gamma - \gamma^2)^2}$$

于是可得当 $c > \max(c_6, 0)$ 时，$T_{itt} > T_{iww}$；而当 $0.553 < \gamma < 1$ 且 $0 < c < c_6$ 时，$T_{itt} < T_{iww}$。因此命题 5-7 得证。

命题 5-7 表明，批发价格合同并不总是一个次优的选择，其供应链的系统绩效不一定低于两部定价合同的系统绩效。当制造商的规模不经济程度相对较强时，采用两部定价合同对制造商的生产成本进行分担对供应链系统绩效更有利；当制造商自身规模不经济程度相对较弱且严重依赖于数量竞争强度，同时横向外部性又较强，两部定价合同对整个供应链系统而言已经失效，反而批发价格合同对系统绩效更有利。

为了直观地观测规模不经济对 T_{itt} 与 T_{iww} 关系的影响，令 $a = 1$，$\gamma = 0.6$，得到 T_{itt} 与 T_{iww} 关于规模不经济的函数关系图，如图 5-10。由图 5-10 可知，当规模不经济程度较弱时，则采用两部定价合同并不能改善供应链系统绩效，反而降低供应链系统绩效，如图 5-10 中区域 Ⅰ；相反，当规模不经济程度相对较高时，则采用两部定价合同改善系统绩效的区域随着规模不经济程度的加剧反而增大，如图 5-10 中区域 Ⅱ。

为了直观地观测数量竞争强度对 T_{itt} 与 T_{iww} 的关系，令 $a = 1$，$c = 2$，得到 T_{itt} 与 T_{iww} 关于竞争强度的函数关系图，如图 5-11 所示。由图 5-11 可知，批发价格合同和两部定价合同的系统绩效均随着数量竞争强度的加强而减小，且采用两部定价合同改善系统绩效的区域随着数量竞争强度的加剧而逐渐减小，如图 5-11 中区域 Ⅲ。

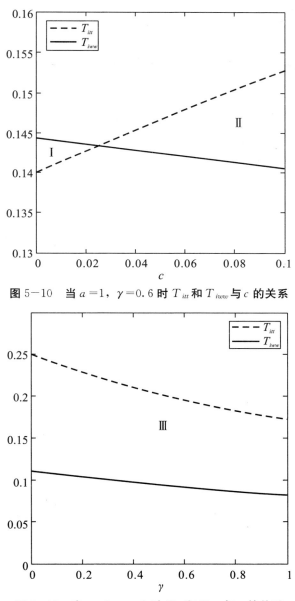

图 5-10　当 $a=1$, $\gamma=0.6$ 时 T_{itt} 和 T_{iww} 与 c 的关系

图 5-11　当 $a=1$, $c=2$ 时 T_{itt} 和 T_{iww} 与 γ 的关系

推论 5-4 若 $c=0$，则：①当 $0<\gamma<0.553$ 时，$T_{itt}>T_{iww}$；②当 $0.553<\gamma<1$ 时，$T_{itt}<T_{iww}$。

证明：当制造商的生产规模不经济效应系数 $c=0$ 时，制造商分别采用两部定价合同或者批发价格合同时的供应链系统绩效之差为

$$T_{itt}-T_{iww}=8\,a^2(\gamma-0.553)(\gamma-3.685)(\gamma+1.367)(\gamma+2.87)/[(4+2\gamma-\gamma^2)^2\,(8+2\gamma-\gamma^2)^2]$$

于是可得当 $0<\gamma<0.553$ 时，$T_{itt}>T_{iww}$；当 $0.553<\gamma<1$ 时，$T_{itt}<T_{iww}$。因此推论 5-4 得证。

推论 5-4 表明，若制造商通过提升管理水平、流程创新等消除了规模不经济现象，则当横向竞争相对较弱时，采用两部定价合同的分散化结构可以给供应链系统带来更高的利润；而当横向竞争加剧时，对于供应链系统而言，更适合采用批发价格合同来应对更激烈的市场竞争。

命题 5-8 $T_{2tt}>T_{2tw}$，$T_{1tw}>T_{1ww}$。

证明：当竞争对手供应链采用两部定价合同时，供应链系统的绩效之差为

$$T_{2tt}-T_{2tw}=4\,a^2[16\,c^5+(192-32\,\gamma^2)\,c^4+(864+24\,\gamma^4-336\,\gamma^2)\,c^3+(1728-1152\,\gamma^2-8\,\gamma^6+200\,\gamma^4)\,c^2+(1408+\gamma^8-44\,\gamma^6+440\,\gamma^4-1344\,\gamma^2)c+256-256\,\gamma^2+112\,\gamma^4-32\,\gamma^6+2\gamma^8]/[(32+24c+4c^2+\gamma^4-4c\gamma^2-16\,\gamma^2)^2(2c+4+2\gamma-\gamma^2)^2]>0$$

当竞争对手供应链采用批发价格合同时，供应链系统绩效之差为

$$T_{1tw}-T_{1ww}=8\,a^2[(16-8\,\gamma^2)\,c^3+(160-96\,\gamma^2+12\,\gamma^4)\,c^2+(512-6\,\gamma^6-384\,\gamma^2+92\,\gamma^4)c+512-24\,\gamma^6-512\,\gamma^2+168\,\gamma^4+\gamma^8]/[(32+24c+4c^2+\gamma^4-4c\gamma^2-16\,\gamma^2)^2(2c+8+2\gamma-\gamma^2)^2]>0$$

可得 $T_{2tt} > T_{2tw}$，$T_{1tw} > T_{1ww}$。因此命题 5−8 得证。

命题 5−8 表明，不管竞争对手供应链采用两部定价合同还是采用批发价格合同，本链采用两部定价合同的结构模型优于批发价格合同，且完全不受零售终端的数量竞争和制造商的规模不经济的影响。

为了直观地观测规模不经济和竞争强度对供应链绩效改进的影响，令 $a=1$，$\gamma=0.6$，得到竞争对手供应链采用两部定价合同时的供应链系统绩效改进量与规模不经济参数的演化图，如图 5−12 所示。由图 5−12 可知，此时的供应链系统绩效改进量随着规模不经济效应的增强而先增大，后逐渐减小。即当规模不经济效应非常弱时，供应链采用两部定价合同时的供应链整体绩效改进量逐渐增加；而当规模不经济强度超过一定值时，供应链系统绩效虽得到改进，但改进量逐渐降低。

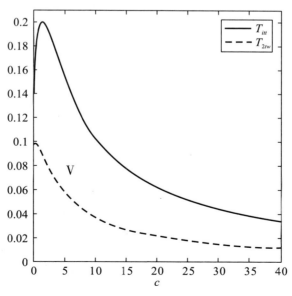

图 5−12　当 $a=1$，$\gamma=0.6$ 时 T_{itt} 和 T_{2tw} 与 c 的关系图

为了直观地观测供应链间的竞争强度对供应链系统绩效改进量的影响，令 $a=1$，$c=2$，得到图 5-13。由图 5-13 可知，横向竞争对供应链系统绩效改进量的影响不明显。

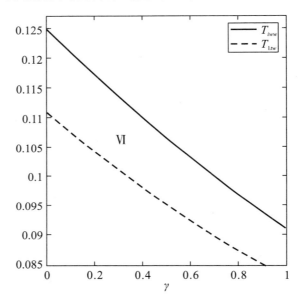

图 5-13 当 $a=1$，$c=2$ 时 T_{1tw} 和 T_{1ww} 与 γ 的关系

由命题 5-7 和命题 5-8 容易得到如下命题：

命题 5-9 ①当 $c>\max(c_6,0)$ 时，竞争性供应链的纵向合同的动态演变过程为 $ww \to tw/wt \to tt$，且 tt 即两部定价合同为具有占优均衡性质的纵向合同；②当 $0.553<\gamma<1$ 且 $0<c<c_6$ 时，竞争性供应链的纵向合同动态演变过程为 $ww \to tw/wt \to tt$，且 tt 即两部定价合同为竞争性供应链最终的纵向均衡合同，但两部定价合同给系统所带来的绩效为囚徒困境。

证明： 由 $T_{1tw}>T_{1ww}$ 和 $T_{1tt}>T_{1wt}$ （由 $T_{2tt}>T_{2tw}$ 及对称性可得）知，竞争性供应链的纵向合同演变过程为 $ww \to tw$ 和 $wt \to tt$，即最终的均衡合同为两部定价合同。所以当 $c>\max(c_6,$

0) 时，$T_{itt} > T_{iww}$，则两部定价合同为具有占优均衡性质的合同；当数量竞争强度位于 (0.553, 1) 范围内，且 $0 < c < c_6$ 时，$T_{itt} < T_{iww}$，则两部定价合同处于囚徒困境状态。因此命题 5-9 得证。

命题 5-9 表明，在制造商规模不经济的链与链数量竞争环境中，供应链的纵向合同选择由批发价格合同最终演变为两部定价合同，但当制造商的规模不经济程度相对较高且严重依赖于数量竞争强度时，则采用两部定价合同为实现每个供应链系统绩效 Pareto 改进的占优均衡合同；而当横向外部性较强，竞争强度在 (0.553,1) 范围内，制造商的规模不经济程度又相对较低，其系数在 $(0, c_6)$ 范围内且严重依赖于数量竞争强度时，批发价格合同所带来的系统绩效高于两部定价合同所带来的系统绩效，由此也导致了两部定价合同的囚徒困境现象。

推论 5-5 若 $c = 0$，则：①当 $0 < \gamma < 0.553$ 时，竞争性供应链的纵向合同的动态演变过程为 $ww \rightarrow tw/wt \rightarrow tt$，且 tt 即两部定价合同为具有占优均衡性质的纵向合同；②当 $0.553 < \gamma < 1$ 时，竞争性供应链的纵向合同动态演变过程为 $ww \rightarrow tw/wt \rightarrow tt$，且 tt 即两部定价合同为竞争性供应链最终的纵向均衡合同，但两部定价合同给系统所带来的绩效为囚徒困境。

推论 5-5 表明，若制造商消除了规模不经济效应，则当横向竞争相对较弱时，实现系统绩效改进的纵向合同选择由批发价格合同逐渐演变为两部定价，且两部定价合同是最终的占优均衡合同。若横向竞争加剧，竞争强度超过 0.553，则两部定价合同对于供应链系统而言，将会产生囚徒困境。

5.5 以中心化结构为基准时制造商绩效改进的两部定价合同选择与设计

此节主要考虑生产经营模式为直营或者说直销模式的制造商若考虑分销模式，应如何设计复杂合同，如两部定价合同，使得其转变经营模式之后绩效能够得到改善，以及在何种情形下不宜采用两部定价合同的分销模式，依然维持中心化经营模式。

首先，记 $M_{1tc} = M_{1cc}$ 关于固定收费的边界为 F_{15}，则

$$M_{1tc} - M_{1cc} = F_1 - F_{15}$$

式中

$F_{15} = a^2 \big[2c^5 + 20c^4 + (80 - 4\gamma^2)c^3 + (160 - 24\gamma^2 - \gamma^4)c^2 + (160 - 2\gamma^4 - 48\gamma^2)c + 64 - 32\gamma^2 + 2\gamma^6 \big] / \big[2(2+c)(2+c+\gamma)^2(4c+c^2+4-2\gamma^2)^2 \big]$

记 $M_{1tt} = M_{1cc}$ 关于固定收费的边界为 F_{16}，则

$$M_{1tt} - M_{1cc} = F_1 - F_{16}$$

式中

$F_{16} = a^2 \big[(c+6)\gamma^4 + (4c+8)\gamma^3 + (8-8c)\gamma^2 + (32 - 16c - 16c^2)\gamma + 32 - 8c^3 - 24c^2 \big] / \big[2(2+c+\gamma)^2(2c+2\gamma+4-\gamma^2)^2 \big]$

记 $M_{2tt} = M_{2tc}$ 关于固定收费的边界为 F_{23}，则

$$M_{2tt} - M_{2tc} = F_2 - F_{23}$$

式中

$F_{23} = -a^2 \big[(c^2 - 8)\gamma^6 - \gamma^8 - 2c\gamma^7 + (16c^2 + 24c + 2c^3)\gamma^5 + (48c + 32c^2 - 48 - 4c^3 - c^4)\gamma^4 - (48c^2 + 24c^3 + 32c + 4c^4)\gamma^3 + (128c - 192c^2 + 256 - 160c^3 - 32c^4)\gamma^2 + 256 - 384c + 320c^3 + 240c^4 + 72c^5 + 8c^6 \big] / \big[2(2c + 2\gamma + 4 - \gamma^2)^2(2+c)(4c + c^2 + 4 - 2\gamma^2)^2 \big]$

由以上式子可得如下命题：

命题 5-10　①当 $F_1 > F_{15}$ 时，$M_{1tc} > M_{1cc}$，否则反之；②当 $F_1 > F_{16}$ 时，$M_{1tt} > M_{1cc}$，否则反之；③当 $F_2 > F_{23}$ 时，$M_{2tt} > M_{2tc}$，否则反之。

命题 5-10①③表明，无论竞争对手供应链是采用中心化结构的直销模式还是两部定价合同的分销模式，只要提供两部定价合同时调节固定费用，使其大于一定值，则采用两部定价合同时的制造商绩效高于采用中心化结构时的绩效。若提供的固定费用小于某一特定值，则本链采用中心化结构时的制造商绩效大于采用分散化时的绩效。

命题 5-10②表明，当两条竞争性供应链均采用两部定价合同或均采用直销模式时，则本链提供两部定价合同时设定固定费用的值大于 F_{16}，则采用两部定价合同的分销模式给制造商带来的绩效高于直销模式时的绩效。若固定费用设置低于 F_{21}，则直销模式时的制造商绩效大于采用分销模式时的绩效。

引理 5-6　当 $F_2 > F_{23}$ 时，$M_{2tt} > M_{2tc}$，则通过对称性可得 $M_{1tt} > M_{1ct}$。

引理 5-7　$F_{23} < F_{16} < F_{15}$。

证明：固定收费边界值的比较如下：

$$F_{15} - F_{16} = a^2 [8c^6 + 80c^5 + (320 - 4\gamma^3 - \gamma^4 - 40\gamma^2)c^4 + (640 - 24\gamma^3 - 240\gamma^2 - 2\gamma^4 + 2\gamma^5)c^3 + (640 - 48\gamma^3 - 480\gamma^2 + 48\gamma^4 + 20\gamma^5)c^2 + (256 - 2\gamma^6 + 96\gamma^4 - 32\gamma^3 + 48\gamma^5 - 320\gamma^2 - 4\gamma^7)c + 32\gamma^5 + 2\gamma^8 - 16\gamma^7]/[2(2+c)(4+4c+c^2-2\gamma^2)^2 (2c+2\gamma+4-\gamma^2)^2]$$

$$F_{16} - F_{23} = a^2\gamma^3(2c^3 + 12c^2 + 24c - 4c\gamma^2 + 16 - \gamma^3 - 8\gamma^2)/[2(2+c)(4+4c+c^2-2\gamma^2)^2 (c+\gamma+2)^2]$$

所以 $F_{23} < F_{16} < F_{15}$。因此引理 5-8 得证。

由命题 5-10、引理 5-6 和引理 5-7 得到命题 5-11。

命题 5-11 (1) 当两部定价合同的固定收费超过 F_{15} 时，纵向合同与结构的演变过程为由均采用中心化结构演变为均采用两部定价合同的分散化结构，即 $cc \rightarrow tc/ct \rightarrow tt$，两部定价合同 tt 为最终的均衡选择，且两部定价合同带来的绩效均衡是制造商的占优均衡。

(2) 当固定收费在（F_{16}，F_{15}）范围内时，纵向合同与结构的演变过程为由中心化结构演变为两部定价合同的分散化结构，即 $cc \rightarrow tc/ct \rightarrow tt$，两部定价合同 tt 为最终的均衡控制结构，但两部定价合同带来的制造商绩效会产生囚徒困境。

(3) 当固定收费在（F_{23}，F_{16}）范围内时，纵向合同与结构的演变过程为由两部定价的分散化结构和中心化结构组成的竞争供应链演变为均采用中心化结构或均采用两部定价合同的分散化结构，即 $tc/ct \rightarrow cc$，$tc/ct \rightarrow tt$，此时 cc 和 tt 都是最终的均衡结构，只是不同的均衡结构演变路径不一样。

(4) 当固定收费设置低于 F_{23} 时，两部定价合同失效，中心化结构逐渐占据主导地位，纵向合同与结构演变过程为 $tt \rightarrow tc/ct \rightarrow cc$，中心化结构 cc 为最终的均衡结构，且 cc 构成的均衡结构为制造商的占优结构。

为了直观地观测横向竞争对上述均衡演化的影响，令 $a = 1$，$c = 1$，得到图 5-14。由图 5-14 可知，区域 IV 为两部定价占优的固定收费可设置范围，且横向竞争越激烈，固定收费均衡的可调节范围越大。区域 V 代表最终的均衡结构为采用两部定价合同的分散化结构，但该结构会产生囚徒困境；同时，其固定收费均衡区域可调范围较大，但随着横向竞争逐渐加剧，固定收费的可调节范围逐渐缩小。区域 VI 的最终均衡结构为中心化结构与采用两部定价合同的分散化结构并存，即 cc 或 tt；由区域 VI 可知，当横向竞争达到一定程度时，可行的固定收费区域才显现，并且随着横向竞争的逐步加剧，固定收费均衡区域的可调节范围逐渐增大，也即当横向外部性增强时，两部定价合同的分散化结构逐步占主导地位。区域Ⅶ表明，固定收费均衡区域为负，即此时两部定价合同已失效，最终均衡结构为中心化结构。

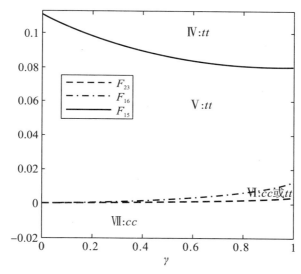

图 5-14　当 $a=1$，$c=1$ 时的固定收费边界

同时，为了直观地观测规模不经济效应对均衡演化的影响，令 $a=1$，$\gamma=0.5$，得到图 5-15。由图 5-15 可知，区域Ⅷ表明两部定价合同结构为制造商的占优结构，且制造商的规模不经济效应越大，其两部定价合同的固定收费可调节范围也越大。区域Ⅸ的最终结构也为两部定价合同结构，但该结构会产生囚徒困境，且随着规模不经济效应的增大，固定收费的可调节范围逐渐增大。区域Ⅹ的最终均衡控制结构为中心化结构或两部定价合同的分散化结构，且随着规模不经济效应的增大，固定收费可调范围逐渐减小，即两部定价合同逐渐失效。由区域Ⅺ可知，该区域随着规模不经济效应的增强而逐渐减小，直至两部定价合同失效，从而使得最终均衡结构为中心化结构。

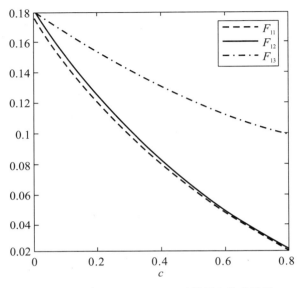

图 5—15　当 $a=1$，$\gamma=0.5$ 时的固定收费边界

5.6　以中心化结构为基准时供应链系统绩效改进的纵向合同选择

首先分析两条竞争性供应链采用相同的两部定价合同或采用相同的中心化结构，则这两种情形的绩效之差为

$$T_{itt} - T_{icc} = \frac{-a^2 f(c,\gamma)}{2(2+c+\gamma)^2(2c+2\gamma+4-\gamma^2)^2}$$

式中

$$f(c,\gamma) = -8c^3 - (32+16\gamma)c^2 - (32-4\gamma^3-\gamma^4+8\gamma^2+32\gamma)c + 8\gamma^3 + 6\gamma^4$$

由 $f(c,\gamma)$ 函数表达式可知其关于成本系数 c 单调递减，且 $f(c,\gamma) < 8\gamma^3 + 6\gamma^4 < 14$，可得如下命题：

命题 5—12　①当 $f(c,\gamma) < 0$ 时，$T_{itt} > T_{icc}$；②当 $0 <$

$f(c, \gamma) < 14$ 时，$T_{itt} < T_{icc}$。

命题 $5-12$ 表明，当两个制造商链采用相同的结构，如均采用中心化结构或均采用两部定价合同的分散化结构，则哪种纵向结构较优，取决于供应链内部制造商的生产成本和外部横向竞争强度的匹配关系，即 $f(c, \gamma)$ 的函数值大小，如图 $5-16$ 所示。

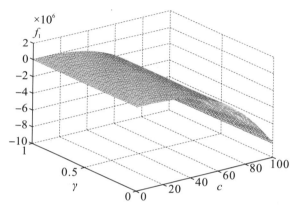

图 $5-16$ 　函数 $f(c, \gamma)$ 与 c 和 γ 的关系图

为了直观地观测 T_{itt} 与 T_{icc} 的关系，令 $a=1$，$\gamma=0.8$，得到 T_{itt} 与 T_{icc} 关于规模不经济生产成本的函数关系图，如图 $5-17$ 所示。由图 $5-17$ 可知，当外部横向竞争激烈（竞争强度为 0.8）时，两部定价的供应链系统利润随着制造商生产成本的提高（生产成本系数增大）而显著增加；而中心化供应链系统利润则逐渐下降，即在逐渐增加的高成本劣势和强的负外部性双重劣势下，采用分散化的两部定价合同不仅能分担高额的生产成本，并弱化横向外部性，且能提高整体供应链的利润。

另外，当规模不经济生产成本相对较小时，如图 $5-17$ 中区域Ⅲ，则中心化结构的供应链系统利润高于分散化的两部定价合同的供应链系统利润，且随着规模不经济程度的加强，中心化链条系统利润高于两部定价合同所在链条系统利润的差距逐步缩小，以至到 A 点为零。由此表明，当制造商的生产成本非常低时，即使外部竞争非常激烈（竞争强度为 0.8），对于制造商而言，此时供应链内部的低成本优势远远大于负的外部效应，无须通过引入外部零售商共同应对激烈的外部竞争，中心化的直营模式完胜于两部定价的分销模式。该结论显著不同于传统的结论，即 McGuire & Staelin[19] 指出，引入零售商有利于应对激烈的外部竞争原因在于是否引入零售商应对激烈的外部竞争也要考虑制造商的生产成本，但他们并没有考虑制造商的生产成本因素。

当规模不经济生产成本超过特定值时，如图 5-17 中区域 Ⅳ，则两部定价合同所在链条系统利润高于中心化链条系统利润，且随着规模不经济程度加强，采用两部定价合同改进供应链系统绩效的利润空间逐步增大。也即说明，当制造商的规模不经济效应较弱时，对于供应链系统而言，适宜采用中心化的结构而非两部定价合同。而若制造商的规模不经济效应较严重，则适宜采用两部定价合同使零售商和制造商一起分担较为严重的规模不经济成本，而不是采用独自承担规模不经济成本的中心化结构。该结论充分拓展了 McGuire & Staelin[7] 的结论，考虑了生产成本和横向竞争两种因素对供应链结构选择的影响，即仅当生产成本相对较高时才需要引入零售应对激烈的外部竞争。

为了直观地描述 T_{itt} 与 T_{icc} 的关系，令 $a=1$，$c=1$，得图 5-18 所示。由图 5-18 可知，不管是采用中心化结构的直营模式还是采用两部定价合同的分销模式，其系统利润均随着外部横向竞争的加剧而降低。但两条竞争供应链均采用两部定价带来的链条整体利润高于中心化结构时的利润，即采用两部定价的分销模式优于直营模式，且该结论的成立不受外部竞争因子的影响。然而，两种情形的利润差随着外部横向竞争的加剧而逐渐减小，但不会消失。该结论显著不同于传统的供应链协调理论。

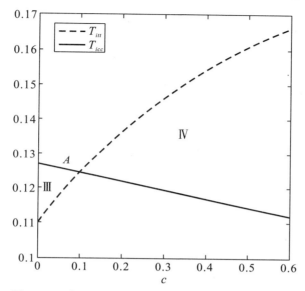

图 5-17　当 $a=1$，$\gamma=0.8$ 时 T_{itt} 和 T_{icc} 与 c 的关系图

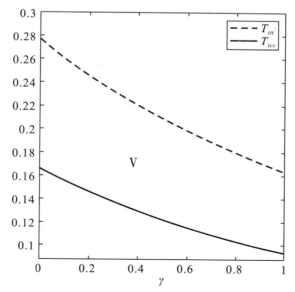

图 5-18　当 $a=1$，$c=1$ 时 T_{itt} 和 T_{icc} 与 γ 的关系图

推理 5−1 当 $\gamma = 0$ 时，则 $T_{itt} > T_{icc}$。

推理 5−1 表明，如果市场为垄断供应链结构时，则对供应链系统而言，采用两部定价合同的分散化结构优于中心化结构，且不受生产成本的影响。该结论还表明，垄断市场中采用合同协调并不总是最有效的，提供两部定价合同的分散化结构就能获得高于协调时的绩效。此结论突破了传统的供应链协调方法。

推理 5−2 当制造商的生产成本系数为零，即 $c = 0$，则 $T_{itt} < T_{icc}$。

推理 5−2 表明，当制造商通过技术创新、流程创新等改进了生产成本，使得生产成本为零，则两条竞争供应链均会选择采用中心化结构，而不会采用两部定价合同的分散化结构，且不受横向竞争因素的影响。这点与传统的以中心化结构为协调标准的理念相一致。与命题 5−12 相对比，推理 5−2 说明研究制造商的生产成本对于识别两部定价合同的分散化结构选择的重要性。

命题 5−13 $T_{1tc} > T_{1cc}$，$T_{2tt} > T_{2tc}$。

证明：T_{1tc} 与 T_{1cc} 之差、T_{2tt} 与 T_{2tc} 之差分别为

$$T_{1tc} - T_{1cc} = a^2 \gamma^4 / [2(2+c)(2+c+\gamma)^2(4c+c^2+4-2\gamma^2)^2] > 0$$

$$T_{2tt} - T_{2tc} = a^2[8c^6 + 80c^5 + (320 - 4\gamma^3 - \gamma^4 - 32\gamma^2)c^4 + (640 - 24\gamma^3 - 4\gamma^4 - 192\gamma^2 + 2\gamma^5)c^3 + (640 - 48\gamma^3 - 384\gamma^2 + 32\gamma^4 + 16\gamma^5 + \gamma^6)c^2 + (256 - 2\gamma^7 + 24\gamma^5 - 256\gamma^2 - 32\gamma^3 + 80\gamma^4)c + 16\gamma^4 - 8\gamma^6 - \gamma^8] / [2(2c + 2\gamma + 4 - \gamma^2)^2(2+c)(4c + c^2 + 4 - 2\gamma^2)^2] > 0$$

所以 $T_{1tc} > T_{1cc}$，$T_{2tt} > T_{2tc}$。因此命题 5−13 得证。

命题 5−13 表明，无论竞争对手供应链采用中心化结构还是两部定价合同的分散化结构，本供应链采用两部定价合同均可使得供应链系统绩效优于中心化结构时的绩效。这打破了传统供应链协调理论的基础，说明在竞争供应链环境下，直接采用合同比

采用合同进行协调能带来更高的绩效。结合命题 5－10 可知，无论竞争对手供应链是采用批发价格合同的分散化结构，还是采用两部定价合同的分散化结构，或是中心化结构，本供应链采用两部定价合同带来的供应链系统绩效优于批发价格合同或中心化结构带来的绩效。因此，当存在链与链竞争环境时，对于供应链系统来讲，直销模式和批发价格合同的分销模式都不是最好的，两部定价合同才是最优选择。

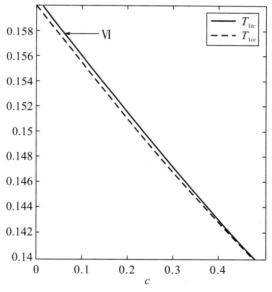

图 5－19　$a=1$，$\gamma=0.5$ 时 T_{1tc} 和 T_{1cc} 与 c 的关系图

　　为了直观地描述规模不经济因素对供应链系统绩效改进的影响，令 $a=1$，$\gamma=0.5$，得到 T_{1tc} 与 T_{1cc} 关于规模不经济生产成本的函数关系图，如图 5－19 所示。令 $a=1$，$c=1$，得到 T_{1tc} 与 T_{1cc} 关于横向竞争强度的函数关系图，如图 5－20 所示。由图 5－19 和图 5－20 可知，当竞争对手供应链采用中心化结构，本供应链采用两部定价合同优于中心化结构的系统绩效改进量随着制造商规模不经济程度的不断加深而逐渐减小，但随着横向竞争强度的加剧而逐渐增大。

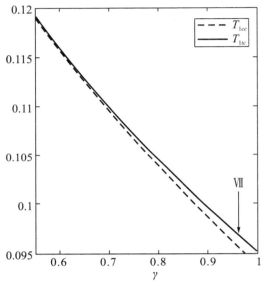

图 5-20 $a=1$ ，$c=1$ 时 t_{1tc} 和 T_{1cc} 与 γ 的关系图

当竞争对手供应链采用分散化结构的两部定价合同时，本供应链采用两部定价合同优于中心化结构的系统绩效改进量随着制造商规模不经济程度的不断加深而逐渐增大（如图 5-21 所示），随着横向竞争强度的加剧而缓慢变小（如图 5-22 所示）。

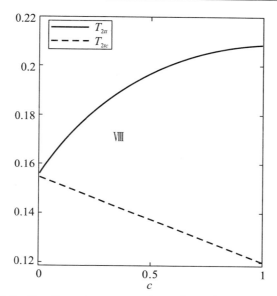

图 5-21　当 $a=1$，$\gamma=0.5$ 时 T_{2tc} 和 T_{2tt} 与 c 的关系图

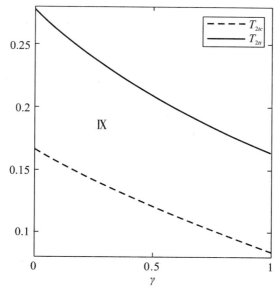

图 5-22　当 $a=1$，$c=1$ 时 T_{2tc} 和 T_{2tt} 与 γ 的关系图

将图 5-19 与图 5-21、图 5-20 与图 5-22 对比可知，竞争对手采用两部定价合同时带来的本供应链系统绩效改进量大于竞争对手采用中心化结构时的供应链绩效改进量。虽然竞争对手的选择（采用两部定价合同的分散化结构或中心化结构）不影响本供应链的选择，但竞争对手的选择影响本供应链采用两部定价合同后的供应链系统绩效改进量。

命题 5-14 $T_{1tc} > T_{2tc}$，$T_{2cc} > T_{2tc}$。

证明： T_{1tc} 与 T_{1cc} 之差、T_{2tc} 与 T_{1cc} 之差分别为

$$T_{1tc} - T_{2tc} = a^2 \gamma^4 / [2(2+c)(2+c+\gamma)^2(4c+c^2+4-2\gamma^2)] > 0$$

$$T_{2tc} - T_{2cc} = -a^2 \gamma^3 (2c^3 + 12c^2 + 24c - 4c\gamma^2 + 16 - \gamma^3 - 8\gamma^2)/[2(2+c)(2+c+\gamma)^2(4c+c^2+4-2\gamma^2)] < 0$$

所以 $T_{1tc} > T_{2tc}$，$T_{2cc} > T_{2tc}$。因此命题 5-14 得证。

命题 5-14 表明，如果两条竞争性供应链分别采用分散化的两部定价合同和中心化结构，则两部定价合同所在链的供应链系统绩效高于中心化链，且该中心化链的系统绩效低于两条链均采用中心化结构时的系统绩效。即如果竞争对手已经采用两部定价合同的分销模式，自己采用直销模式，则自身供应链的整体利润会小于竞争对手的，应调整营销战略，逐步采用两部定价形式的分销模式。

由命题 5-12 和 5-13 可得如下命题：

命题 5-15 （1）当 $f(c, \gamma) < 0$ 时，供应链系统角度基于分散化结构的两部定价合同选择过程为 $cc \rightarrow tc/ct \rightarrow tt$，$tt$ 为最终的均衡，且 tt 构成供应链系统角度的占优均衡。

（2）当 $0 < f(c, \gamma) < 14$ 时，特别是当 $c=0$ 时，供应链系统角度两部定价合同的选择过程为 $tt \rightarrow cc$，$cc \rightarrow tc/ct \rightarrow tt$，$cc$ 和 tt 为最终的均衡，但 cc 会产生囚徒困境。

命题 5-15 表明，当横向竞争强度和规模不经济效应系数满

足 $f(c, \gamma)<0$ 时，供应链系统角度基于两部定价合同的分散化结构选择过程是由中心化结构（直营模式）逐渐演变为采用两部定价合同的分散化结构，且采用分销模式实施两部定价是竞争供应链的最终均衡，是供应链系统角度的占优均衡；当横向竞争强度和规模不经济效应系数满足 $0<f(c, \gamma)<14$ 时，特别是当制造商通过流程创新等手段消除了规模不经济现象，则对于供应链系统而言，中心化结构和两部定价的分散化结构都是供应链的最终均衡，但中心化结构会形成囚徒困境。

5.7　本章小结

本章基于链与链数量竞争及制造商的生产规模不经济环境，分析了竞争供应链分别采用分散化的批发价格合同情形、分散化的两部定价合同情形及中心化结构情形的供应链绩效，以批发价格合同或中心化结构为基准，研究了两部定价合同选择与设计的绩效改进条件、博弈均衡特征和局限性，并进一步分析了市场竞争强度、规模不经济参数对两部定价合同选择行为的影响，得到主要研究成果如下：

首先，以批发价格合同为基准，且基于制造商和零售商同时实现 Pareto 改进的角度如下：

（1）若两条竞争性供应链均采用两部定价合同或批发价格合同，则当本供应链中制造商具有弱规模不经济性，且横向市场竞争相对比较激烈，则采用两部定价合同失效；结合 McGuire & Staelin[7] 的结论可知，只要制造商的规模不经济性不强（即很弱或者没有），则分散化结构比中心化结构或两部定价合同能更好地应对横向激烈的竞争（不管是数量竞争还是价格竞争）。

（2）当规模不经济程度相对适中或者较强，且严重依赖于数量竞争强度，通过调节固定费用使其在适度范围内，采用两部定价合同能同时使制造商和零售商实现 Pareto 改进。

（3）不管竞争对手供应链是否采用两部定价合同，本链采用两部定价合同并适当调节固定收费，能同时实现制造商和零售商绩效的改进。

由（1）（2）和（3）可知，通过适当调节固定收费使之在一定范围内，则两部定价合同成为制造商和零售商绩效同时实现 Pareto 改进的占优均衡，但该固定收费的选择严重依赖于规模不经济程度和数量竞争强度。

其次，以批发价格合同为基准，且基于供应链系统绩效的 Pareto 改进的角度如下：

（1）当制造商的规模不经济程度相对较强且严重依赖于数量竞争强度时，竞争性供应链的纵向均衡合同为两部定价合同，且该合同具有占优均衡性质。

（2）而当横向市场竞争较激烈，制造商的规模不经济程度相对较弱且严重依赖于数量竞争强度，则采用两部定价合同失效，批发价格合同反而有利于供应链系统避开激烈的市场竞争。该结论与传统的批发价格合同总是一个次优选择的研究成果不同，由此也导致两部定价合同的囚徒困境。

最后，以中心化结构为基准，实现供应链成员和系统绩效改进的角度如下：

当两部定价合同的固定收费相对较高时，两部定价合同即可实现制造商绩效的 Pareto 改进。同时无论竞争对手是采用中心化结构的直销模式还是两部定价合同的分销模式，只要采用两部定价合同，则可使供应链绩效高于采用中心化结构时的供应链系统绩效。

所有这些研究结论充分拓展了 McGuire & Staelin[7] 等关于链与链竞争的理论研究，特别是针对竞争供应链环境下采用分销模式的规模不经济企业和直销模式的规模不经济都提供了绩效改进的可行路径，即无论竞争对手是采用分销模式（批发价格合同或两部定价合同）还是直销模式（中心化结构），只要制造商对其排他性分销商或加盟商提供两部定价合同，且分销商或加盟商接受这个合同，则制造商的绩效就能得到改进。如果为了保证下游分销商或加盟商也能实现绩效改进，即制造商和其下游合作伙伴都实现双赢，则仅需保证两部定价合同的固定收费在一个适度范围内即可。此时的固定收费设置并不受规模不经济和竞争影响。但如果自己和竞争对手都提供相同的可观测的合同，则固定收费的设置受规模不经济和竞争影响。

当然，本章的研究还存在一些不足，如没有考虑其他的仓储运输等成本，以及直销企业采用分销模式所带来的渠道转换成本，也没有考虑直销企业采用两部定价合同后其下游零售商的绩效情况。

第6章　需求不确定和纵向约束的链与链竞争固定加价合同

　　区别于前面两章对确定环境下纵向合同选择的研究，本章将基于需求不确定环境和制造商对终端零售价格进行约束的链与链价格竞争环境，考虑以下几个因素对零售终端价格加价量的影响：两条竞争供应链地位对等但拥有不一样的市场份额、零售商对需求预测的能力、市场需求波动的风险、市场需求的规模及供应链间的横向价格竞争。该加价量的设计目的在于实现制造商和零售商绩效改进的双赢。本书的研究成果不同于以往的链与链竞争的纵向合同选择，因为除了艾兴政[33]研究了零售商的预测能力、价格波动风险和横向竞争对纵向联盟与收益分享机制的影响外，其他的文献均未做类似研究。本书与艾兴政[33]的主要区别在于：首先，两者的基本模型不一致，且艾兴政[33]仅考虑了价格波动风险，本书考虑的是需求波动风险，且增加了各竞争供应链的市场份额因素；其次，两者研究的目的不一致，艾兴政[33]考虑的是上下游的纵向联盟与收益分享机制，本书考虑的是制造商控制终端零售价格的固定加价机制设计；最后，艾兴政[33]表明纵向联盟不受价格波动风险影响，仅受横向竞争影响，但本书的结论表明横向竞争和需求波动风险都影响固定加价机制的选择。因此，本书的研究拓展了艾兴政[33]等的研究，为链与链竞争环境下的纵向合同选择提供理论基础和实践参考价值。

6.1   问题的提出

随着经济全球化和信息技术的快速发展，企业之间的竞争已不仅仅是单个企业间的竞争，而是供应链之间的竞争。而经济的全球化、信息技术的快速发展及顾客需求的高度不确定性促进了电子产品的不断更新，也导致其价格的快速下降。例如，个人电脑产业就具有这样的特点，台式机在其生命周期的第一年内平均价格会下降 $50\% \sim 58\%$[107−109]。因此，每个品牌制造商为了保证自己的利润最大化，保证零售商的利润非负，也为了避免零售终端的价格战影响品牌形象，品牌制造商往往对终端产品的定价具有决定权。本章以固定加价（Retailer's Fixed Markup，RFM，形式为 $k = 1 - w/p$[110]，即以加成的形式进行加价，其中 k 为固定加价比例）诠释制造商对终端产品的定价权利，且以批发价格为基准，研究需求不确定和纵向约束环境下链与链竞争的固定加价合同选择，从制造商和零售商绩效均改进的角度及供应链系统绩效改进角度识别固定加价合同选择的博弈均衡特征。

固定加价合同源于实践，原因为：第一，方便零售商的定价，即零售商在批发价格基础上进行最小加价形成最低零售价格吸引更多消费者；第二，减少零售商的工作量，即拥有多产品的零售商分析各产品需求进而分别定价的工作量巨大，采用固定加价可减少零售商的工作量，如零售商仅将产品的综合成本翻倍即为零售价格，即 "a keystone markup"。Monroe[111] 则表明固定加价合同是零售商最常用的一种定价模式。Kanavos & Reinhardt[112] 更指出固定加价在一些国家已由政府直接规定，如印度的药品定价等。Feenstra & Shapiro 等[113] 通过采集数据和建模对美国零售产业的全国性品牌产品和自有品牌产品的加价量进行了研究。Xiao[114]刻画了在批发价格基础上进行加价的零售价格形式。但该类文献并未基于批发价格合同研究供应链各成员绩效改进的固定加价合同。

本章的固定加价合同是制造商对终端产品价格进行纵向约束的一种形式。而现有纵向约束的研究文献主要集中在以下方面：一是针对一个制造商和一个或多个零售商间采用纵向约束进行研究，如讨论 RPM 与双重加价现象（Spengler[3]），需求不确定环境下的 RPM 和独家经营（Rey & Tirole[115]）等；二是针对竞争环境中两个制造商和两个零售商的纵向约束选择进行研究，如医院与保险公司的排他性交易（Gal−Or[116]，Ma[117]等），需求不确定环境下 RPM 的选择（Deneckere[118]等），竞争性生产者们和其零售商间的区域专卖（Rey & Stiglitz[119]）等，但这些文献均未针对具有纵向约束性质的固定加价进行研究。

另外，现有的链与链竞争文献也未针对具有纵向约束的固定加价行为进行研究。本章则基于需求不确定的链与链竞争环境，考察制造商控制终端零售价格的固定加价合同绩效，识别采用纵向约束的固定加价机制改善供应链各成员绩效的博弈均衡特征。

6.2　基本模型

本章基于批发价格合同，考察需求不确定环境下两个制造商与两个排他性零售商构成的竞争性供应链的固定加价合同〔其形式为 $k=1-w/p$，即 $w=(1-k)/p$，假定固定加价比例 k 为外生变量〕选择。制造商和零售商之间展开以制造商为领导者的斯塔克伯格博弈。博弈顺序为：首先，根据是否控制终端零售价格，两条竞争性供应链的制造商同时提供固定加价合同或批发价格合同。其次，若制造商提供固定加价合同，则零售商只需选择订货量；若制造商提供批发价格合同，则零售商决定订货量和零售价格。最后，制造商满足零售商的订单，零售商满足市场需求，形成横向价格竞争市场，且竞争效应逐步向上游制造商传递，形成两条供应链之间的竞争。基于经济学原理，两个具有替代性产品的需求函数[120]如下：

$$q_1 = a\gamma - bp_1 + dp_2 \qquad (6-1)$$

$$q_2 = a(1-\gamma) - bp_2 + dp_1 \qquad (6-2)$$

$$a = a_0 + e, e \sim N(0, v_0) \qquad (6-3)$$

式中，a 为市场总体潜在需求规模；γ 为第一条供应链产品的潜在市场份额；$1-\gamma$ 为第二条供应链产品的潜在市场份额；d 为交叉价格效应，也代表着两条供应链间的价格竞争强度；b 为自身价格效应，且 $b > d > 0$，即自身价格效应大于交叉价格效应；e 为顾客认知差异和环境所导致的不确定性因素，服从均值为零与方差为 v_0 的正态分布，v_0 代表了市场需求波动的风险大小，并且制造商与零售商具有这一先验分布知识；p_i 为第 i 产品的零售价格；q_i 为第 i 产品的需求量。基于基本经验和直觉，零售商对产品需求波动因素的预测误差严重依赖于客观环境和零售商自身预测能力，在预测误差项中引入 $\sqrt{v_0}$ 因子，相对于 Raju & Roy[120] 中的模式更为合理。因此，零售商 i 基于当地顾客群预测产品的需求量 f_i 为

$$f_i = a + \sqrt{v_0}\,\varepsilon_i, \varepsilon_i \sim N(0, v_i), i = 1, 2 \qquad (6-4)$$

式中，ε_i 为基于零售商 i 对需求预测能力的误差随机变量，该误差满足均值为零、方差为 v_i 的正态分布。重复 Raju & Roy[120] 的分析，可以得到如下信息推断表达式：

$$a_i = E(a \mid f_i) = (1 - t_i)a_0 + t_i f_i \qquad (6-5)$$

式中，$t_i = 1/(1 + v_i)$，可解释为零售商对需求的预测能力系数，通常假定两个零售商信息随机变量是独立的，于是相应地有：

$$E(f_j \mid f_i) = (1 - t_i)a_0 + t_i f_i \qquad (6-6)$$

161

$$E(f_i - a_0)^2 = v_0(1 + v_i) = v_0/t_i \qquad (6-7)$$

为了更好地研究主题和方便计算，假定：①两条竞争性供应链之间的合同内容不可观测；②供应链中的其他成本均为零。本章分 4 种情形讨论供应链各成员的绩效：两条竞争性供应链均不存在纵向约束，即制造商均提供批发价格合同，记为情形 ww；两条竞争性供应链均存在纵向约束，即制造商均提供固定加价合同，记为情形 rr；仅第一条供应链存在纵向约束，记为情形 rw；仅第二条供应链存在纵向约束，记为情形 wr。

6.3 需求不确定环境下采用不同纵向合同的均衡

6.3.1 两条供应链都不存在纵向约束的情形

首先考察两条竞争性供应链均不存在制造商控制终端零售价格的纵向约束行为，即 ww 情形，计算此时供应链各成员的收益。由于零售商拥有私有市场信息，其预期收益及决策为

$$\max_{p_i} E(R_i \mid f_i) = \max_{p_i} \{(p_i - w_i)E(q_i \mid f_i)\} \qquad (6-8)$$

供应链中制造商 i 的预期收益为

$$\max_{w_i} E(M_i) = \max_{w_i} \{w_i E(q_i)\} \qquad (6-9)$$

令

$$p_1 = A + B(f_1 - a_0) \qquad (6-10)$$

$$p_2 = C + D(f_2 - a_0) \qquad (6-11)$$

式中，w_i 为制造商 i 的批发价格；A 和 C 分别代表两个产品零售价格的确定性部分；B 和 D 分别代表两个产品零售价格中随机部分的系数。基于纵向斯塔克伯格动态博弈规则，得到零售价格竞争均衡的确定部分和随机部分的系数分别为

$$A_{uw} = 3\,a_0(4b\gamma + 3d - 3d\gamma)/(16\,b^2 - 9d^2) \qquad (6-12)$$

$$B_{uw} = (dt_1\,t_2 - d\,t_1\,t_2\gamma + 2b\gamma\,t_1)/(4\,b^2 - d^2\,t_1\,t_2) \qquad (6-13)$$

$$C_{uw} = 3\,a_0(4b - 4b\gamma + 3d\gamma)/(16\,b^2 - 9d^2) \qquad (6-14)$$

$$D_{uw} = (2b\,t_2 + d\,t_1\,t_2\gamma - 2b\gamma\,t_2)/(4\,b^2 - d^2\,t_1\,t_2) \qquad (6-15)$$

所以无纵向约束的分散化结构下制造商和零售商的预期收益分别为

$$E(M_{1uw}) = 2b\,a_0^2(4b\gamma + 3d - 3d\gamma)^2/(16\,b^2 - 9d^2)^2 \qquad (6-16)$$

$$E(R_{1uw}) = b\,t_1\,v_0(d\,t_2 - d\gamma t_2 + 2b\gamma)^2/(4\,b^2 - d^2\,t_1\,t_2)^2 + b\,a_0^2(4b\gamma + 3d - 3d\gamma)^2/(16\,b^2 - 9d^2)^2 \qquad (6-17)$$

$$E(M_{2uw}) = 2b\,a_0^2(4b - 4b\gamma + 3d\gamma)^2/(16\,b^2 - 9d^2)^2 \qquad (6-18)$$

$$E(R_{2uw}) = b\,t_2\,v_0(2b + d\,t_1\gamma - 2b\gamma)^2/(4\,b^2 - d^2\,t_1\,t_2)^2 + b\,a_0^2(4b - 4b\gamma + 3d\gamma)^2/(16\,b^2 - 9d^2)^2 \qquad (6-19)$$

由式（6-16）～式（6-19）可以看出，零售商完全承担了需求波动风险，其预期收益随需求波动风险的增加而获得补偿。而制造商执行订单生产模式，其预期收益不受需求波动风险的影响。

6.3.2　两条供应链都存在纵向约束的情形

因两条竞争性供应链的制造商均控制终端零售价格，即 rr 情形，此时制造商提供固定加价合同，所以只需从制造商角度进行决策，制造商 i 的预期收益为

$$\max_{p_i} E(M_i) = \max_{p_i}\{w_i E(q_i \mid f_i)\} = \max_{p_i}\{(1-k)\,p_i E(q_i \mid f_i)\} \qquad (6-20)$$

令

$$p_1 = A + B(f_1 - a_0) \qquad (6-21)$$

$$p_2 = C + D(f_2 - a_0) \qquad (6-22)$$

基于纵向斯塔克伯格动态博弈规则，得到零售价格竞争均衡的确定部分和随机部分的系数分别为

$$A_{rr} = a_0(2b\gamma + d - d\gamma)/(4b^2 - d^2) \qquad (6-23)$$

$$B_{rr} = (dt_1t_2 - dt_1t_2\gamma + 2b\gamma t_1)/(4b^2 - d^2t_1t_2) \qquad (6-24)$$

$$C_{rr} = a_0(2b - 2b\gamma + d\gamma)/(4b^2 - d^2) \qquad (6-25)$$

$$D_{rr} = (2bt_2 + dt_1t_2\gamma - 2b\gamma t_2)/(4b^2 - d^2t_1t_2) \qquad (6-26)$$

则两条竞争性供应链的制造商和零售商的预期收益分别为

$$E(M_{1rr}) = \frac{bt_1v_0(1-k)(dt_2 - d\gamma t_2 + 2b\gamma)^2}{(4b^2 - d^2t_1t_2)^2} +$$

$$\frac{ba_0^2(1-k)(2b\gamma + d - d\gamma)^2}{(4b^2 - d^2)^2} \qquad (6-27)$$

$$E(R_{1rr}) = \frac{bkt_1v_0(dt_2 - d\gamma t_2 + 2b\gamma)^2}{(4b^2 - d^2t_1t_2)^2} +$$

$$\frac{bka_0^2(2b\gamma + d - d\gamma)^2}{(4b^2 - d^2)^2} \qquad (6-28)$$

$$E(M_{2rr}) = \frac{bt_2v_0(1-k)(2b + dt_1\gamma - 2b\gamma)^2}{(4b^2 - d^2t_1t_2)^2} +$$

$$\frac{ba_0^2(1-k)(2b - 2b\gamma + d\gamma)^2}{(4b^2 - d^2)^2} \qquad (6-29)$$

$$E(R_{2rr}) = \frac{bkt_2v_0(2b + dt_1\gamma - 2b\gamma)^2}{(4b^2 - d^2t_1t_2)^2} +$$

$$\frac{bka_0^2(2b - 2b\gamma + d\gamma)^2}{(4b^2 - d^2)^2} \qquad (6-30)$$

由式（6-27）～式（6-30）可以看出，采用固定加价合同时制造商和零售商均承担了需求波动风险，且其预期收益随着需求波动风险 v_0 的增加而获得补偿；若固定加价比例越高，则制造商收益越少，零售商收益越高；与式（6-17）～式（6-19）分别比较可知，采用固定加价合同可降低零售商承担的风险比例。

6.3.3 仅第一条供应链存在纵向约束的情形

假定第一条供应链存在纵向约束，即制造商提供固定加价合同，而竞争对手供应链的制造商提供简单的批发价格合同，即

rw 情形，则第一条供应链中的制造商的预期收益函数为

$$\max_{p_1} E(M_1) = \max_{p_1} \{ w_1 E(q_1 \mid f_1) \} = \max_{p_1} \{ (1-k) \, p_1 E(q_1 \mid f_1) \}$$

$$(6-31)$$

第二条供应链中零售商和制造商的预期收益分别为

$$\max_{p_2} E(R_2 \mid f_2) = \max_{p_2} \{ (p_2 - w_2) E(q_2 \mid f_2) \} \quad (6-32)$$

$$\max_{w_2} E(M_2) = \max_{w_2} \{ w_2 \, E(q_2) \} \quad (6-33)$$

令

$$p_1 = A + B(f_1 - a_0) \quad (6-34)$$

$$p_2 = C + D(f_2 - a_0) \quad (6-35)$$

基于纵向斯塔克伯格动态博弈规则，得到零售价格竞争均衡的确定部分和随机部分的系数分别为

$$A_{rw} = a_0 (4b\gamma + 3d - 3d\gamma)/(8b^2 - 3d^2) \quad (6-36)$$

$$B_{rw} = \frac{dt_1 t_2 - d \, t_1 t_2 \gamma + 2b\gamma \, t_1}{4 b^2 - d^2 \, t_1 t_2} \quad (6-37)$$

$$C_{rw} = 3 a_0 (2b - 2b\gamma + d\gamma)/(8 b^2 - 3 d^2) \quad (6-38)$$

$$D_{rw} = \frac{2b t_2 + d \, t_1 t_2 \gamma - 2b\gamma \, t_2}{4 b^2 - d^2 \, t_1 t_2} \quad (6-39)$$

则两条竞争性供应链的制造商和零售商的为预期收益分别为

$$E(M_{1rw}) = \frac{b \, t_1 v_0 (1-k)(d \, t_2 - d\gamma \, t_2 + 2b\gamma)^2}{(4 b^2 - d^2 \, t_1 t_2)^2} +$$

$$\frac{b \, a_0^2 (1-k)(4b\gamma + 3d - 3d\gamma)^2}{(8 b^2 - 3 d^2)^2} \quad (6-40)$$

$$E(R_{1rw}) = \frac{bk \, t_1 v_0 (d \, t_2 - d\gamma \, t_2 + 2b\gamma)^2}{(4 b^2 - d^2 \, t_1 t_2)^2} +$$

$$\frac{bk \, a_0^2 (4b\gamma + 3d - 3d\gamma)^2}{(8 b^2 - 3 d^2)^2} \quad (6-41)$$

$$E(M_{2rw}) = \frac{2b \, a_0^2 (2b - 2b\gamma + d\gamma)^2}{(8 b^2 - 3 d^2)^2} \quad (6-42)$$

$$E(R_{2rw}) = \frac{b\,t_2 v_0 (2b + d\,t_1 \gamma - 2b\gamma)^2}{(4\,b^2 - d^2\,t_1 t_2)^2} +$$

$$\frac{b\,a_0^2 (2b - 2b\gamma + d\gamma)^2}{(8\,b^2 - 3\,d^2)^2} \qquad (6-43)$$

6.3.4　仅第二条供应链存在纵向约束情形

假定第一条供应链不存在纵向价格约束，制造商提供批发价格合同，第二条供应链的制造商控制终端零售价格并提供固定加价合同，即 rw 情形，则第一条供应链中零售商和制造商的预期收益为分别为

$$\max_{p_1} E(R_1 \mid f_1) = \max_{p_1} \{(p_1 - w_1) E(q_1 \mid f_1)\} \quad (6-44)$$

$$\max_{w_1} E(M_1) = \max_{w_1} \{w_1 E(q_1)\} \qquad (6-45)$$

第二条供应链中制造商的预期收益为

$$\max_{p_1} E(M_2) = \max_{p_2} \{w_2 E(q_{21} \mid f_2)\} = \max_{p_2} \{(1-k)\,p_2 E(q_2 \mid f_2)\}$$
$$(6-46)$$

令

$$p_1 = A + B(f_1 - a_0) \qquad (6-47)$$

$$p_2 = C + D(f_2 - a_0) \qquad (6-48)$$

基于纵向斯塔克伯格动态博弈规则，可得零售价格竞争均衡的确定部分和随机部分的系数分别为

$$A_{ur} = 3a_0(2b\gamma + d - d\gamma)/(8\,b^2 - 3\,d^2) \quad (6-49)$$

$$B_{ur} = (dt_1 t_2 - d\,t_1 t_2 \gamma + 2b\gamma t_1)/(4\,b^2 - d^2\,t_1 t_2) \quad (6-50)$$

$$C_{ur} = a_0(4b - 4b\gamma + 3d\gamma)/(8\,b^2 - 3\,d^2) \quad (6-51)$$

$$D_{ur} = (2b t_2 + d\,t_1 t_2 \gamma - 2b\gamma t_2)/(4\,b^2 - d^2\,t_1 t_2) \quad (6-52)$$

则两条竞争性供应链的制造商和零售商的预期收益分别为

$$E(M_{1ur}) = \frac{2b\,a_0^2 (d + 2b\gamma - d\gamma)^2}{(8\,b^2 - 3\,d^2)^2} \qquad (6-53)$$

$$E(R_{1ur}) = \frac{b\, t_1\, v_0 (2b\gamma + d\, t_2 - d\gamma\, t_2)^2}{(4\, b^2 - d^2\, t_1 t_2)^2} +$$

$$\frac{b\, a_0^2 (d + 2b\gamma - d\gamma)^2}{(8\, b^2 - 3\, d^2)^2} \qquad (6-54)$$

$$E(M_{2ur}) = \frac{b\, t_2\, v_0 (1-k)(2b + d\, t_1\gamma - 2b\gamma)^2}{(4\, b^2 - d^2\, t_1 t_2)^2} +$$

$$\frac{b\, a_0^2 (1-k)(4b - 4b\gamma + 3d\gamma)^2}{(8\, b^2 - 3\, d^2)^2} \qquad (6-55)$$

$$E(R_{2ur}) = \frac{bk\, t_2\, v_0 (2b + d\, t_1\gamma - 2b\gamma)^2}{(4\, b^2 - d^2\, t_1 t_2)^2} +$$

$$\frac{bk\, a_0^2 (4b - 4b\gamma + 3d\gamma)^2}{(8\, b^2 - 3\, d^2)^2} \qquad (6-56)$$

6.4　实现上下游绩效 Pareto 改进的固定加价合同选择

6.4.1　两条供应链采用相同合同结构的绩效改进

记 $E(M_{1rr}) = E(M_{1uw})$ 和 $E(R_{1rr}) = E(R_{1uw})$ 关于市场波动风险 v_0 的边界分别为 v_{01} 和 v_{02}，v_{01} 和 v_{02} 均为零的固定加价比例边界分别为 k_1 和 k_2，$k_1 = 0$ 的市场份额边界分别为 γ_1 和 γ_2，$k_2 = 1$ 的市场份额边界分别为 γ_3 和 γ_4，$v_{01} = v_{02}$ 的市场份额边界分别为 γ_5 和 γ_6。具体如下：

$$v_{01} = \frac{(k - k_1)a_0^2 (2b\gamma + d - d\gamma)^2 (4\, b^2 - d^2\, t_1\, t_2)^2}{t_1 (4\, b^2 - d^2)^2 (2b\gamma + d\, t_2 - d\gamma\, t_2)^2 (1-k)}$$

$$v_{02} = \frac{(k - k_2)a_0^2 (2b\gamma + d - d\gamma)^2 (4\, b^2 - d^2\, t_1\, t_2)^2}{t_1 (4\, b^2 - d^2)^2 (2b\gamma + d\, t_2 - d\gamma\, t_2)^2 (1-k)}$$

$$k_1 = \big[(7\, d^2 + 16bd + 8\, b^2)^2 (2b + d)^2 (4b - 3d)^2\, \gamma^2 +$$

$$2d(2b - d)(4b - 3d)(16\, b^3 - 21\, d^3 - 24b\, d^2 + 24\, b^2 d)\gamma -$$

$$144b^2 d^4 + 63\, d^6 - 32\, b^4\, d^2\big] / \big[(16\, b^2 - 9\, d^2)^2 (2b\gamma + d - d\gamma)^2\big]$$

$$k_2 = (2b+d)^2(2b-d)^2(4b\gamma + 3d - 3d\gamma)^2/[(16b^2 - 9d^2)^2(2b\gamma + d - d\gamma)^2]$$

$$\gamma_1 = \frac{(3.314\,b^2 + 22.97\,d^2)d}{(2b-d)(4b+5.414d)(4b-3d)}$$

$$\gamma_2 = \frac{-(19.314\,b^2 - 7.757\,d^2)d}{(2b-d)(4b+2.586d)(4b-3d)}$$

$$\gamma_3 = \frac{3d(d-0.8165b)(d+0.8165b)}{(2b-d)(b+d)(4b-3d)}$$

$$\gamma_4 = \frac{-2d(7\,b^2 - 3\,d^2)}{(2b-d)(2b+3d)(4b-3d)}$$

$$\gamma_5 = \frac{(1+2\sqrt{3})(44\,b^2 + 9\,d^2 + 15\sqrt{3}\,d^2)d}{11(2b-d)(2b+3d+\sqrt{3}d)(4b-3d)}$$

$$\gamma_6 = \frac{(1-2\sqrt{3})(44\,b^2 + 9\,d^2 - 15\sqrt{3}\,d^2)d}{11(2b-d)(2b+3d-\sqrt{3}d)(4b-3d)}$$

引理 6-1 ①当 $\max(k_1, 0) < k < 1$ 时，即当 $1 > k > k_1 > 0$ 且 $1 > \gamma > \gamma_1 > 0$ 时，或者当 $0 < \gamma < \gamma_1 < 1$ 时，$v_{01} > 0$；②当 $\max(\gamma_3, 0) < \gamma < 1$，$0 < k_2 < k < 1$ 时，$v_{02} > 0$；③当 $0 < d < 0.6223b$，$\gamma_5 < \gamma < 1$ 时，$v_{01} < v_{02}$，$k_1 > k_2$；④$\gamma_5 > \gamma_1 > \gamma_3$。

证明： 因 v_{01} 的表达式为

$$v_{01} = \frac{(k-k_1)a_0^2(2b\gamma + d - d\gamma)^2(4\,b^2 - d^2\,t_1\,t_2)^2}{t_1(4\,b^2 - d^2)^2(2b\gamma + d\,t_2 - d\gamma\,t_2)^2(1-k)}$$

其中

$$k_1 = \frac{(7\,d^2 + 16bd + 8\,b^2)(2b-d)^2(\gamma - \gamma_1)(\gamma - \gamma_2)}{(4b+3d)^2(2b\gamma + d - d\gamma)^2}$$

由 γ_1 和 γ_2 的表达式可知，$\gamma_1 > 0$ 和 $\gamma_2 < 0$。

又

$$k_1 - 1 = \frac{2(2b-d)^2(2b+d)^2(4b\gamma + 3d - 3d\gamma)^2}{-(4b+3d)^2(2b\gamma + d - d\gamma)^2} < 0$$

知 $k_1 < 1$。

$$\gamma_1 - 1 = \frac{6.727\,(d-2.604b)\,(d+6.138b)\,(d+0.946b)}{(2b-d)(4b+5.414d)(4b-3d)} < 0$$

知 $\gamma_1 < 1$。

于是可得当 $\max(k_1, 0) < k < 1$ 时，即当 $1 > k > k_1 > 0$ 且 $1 > \gamma > \gamma_1 > 0$ 时，或者当 $0 < \gamma < \gamma_1 < 1$ 时，$v_{01} > 0$。因此引理 6-1 中的①得证。

v_{02} 的表达式可写成如下形式：

因

$$v_{02} = \frac{(k - k_2)a_0^2(2b\gamma + d - d\gamma)^2(4b^2 - d^2 t_1 t_2)^2}{t_1(4b^2 - d^2)^2(2b\gamma + d t_2 - d\gamma t_2)^2(1 - k)}$$

且

$$k_2 - 1 = -4(b + d)(2b + 3d)(2b - d)^2(\gamma - \gamma_3)(\gamma - \gamma_4)/[(4b + 3d)^2(2b\gamma + d - d\gamma)^2]$$

由 γ_4 表达式知 $\gamma_4 < 0$。

且

$$\gamma_3 - 1 = \frac{-b(8b^2 - 7d^2)}{(2b - d)(b + d)(4b - 3d)} < 0$$

即 $\gamma_3 < 1$。

于是可得当 $\gamma > \max(\gamma_3, 0)$ 时，$k_2 < 1$，即当 $1 > \gamma > \max(\gamma_3, 0)$，$1 > k > k_2 > 0$ 时，$v_{02} > 0$。因此引理 6-1 中的②得证。

又

$$v_{02} - v_{01} = 2a_0^2(\gamma - \gamma_5)(\gamma - \gamma_6)(4b^2 - d^2 t_1 t_2)^2(3d^2 + 6bd + 2b^2)/[(4b + 3d)^2(2b + d)^2 t_1(2b\gamma + d t_2 - d\gamma t_2)^2(1 - k)]$$

其中 $\gamma_5 > 0$，$\gamma_6 < 0$。

$$\gamma_5 - 1 = \frac{41.321b(d - 0.6223b)(d + 0.6223b)}{(2b - d)(2b + 3d + \sqrt{3}d)(4b - 3d)}$$

则当 $0 < d < 0.6223b$ 时，$\gamma_5 < 1$。

$$k_2 - k_1 = \frac{2(3d^2 + 6bd + 2b^2)(2b - d)^2(\gamma - \gamma_5)(\gamma - \gamma_6)}{-(4b + 3d)^2(2b\gamma + d - d\gamma)^2}$$

则当 $0<d<0.6223b$，$0<\gamma_5<\gamma<1$ 时，$v_{02}>v_{01}$，$k_2<k_1$。因此引理 6-1 中的③得证。

又

$\gamma_5-\gamma_1=-31.833d\,(d-2.058b)\,\left[(d+0.859b)^2+0.502^2\right]/$
$\left[(4b-3d)(2b-d)(2b+3d+\sqrt{3}d)(4b+4d+\sqrt{2}d)\right]>0$

$\gamma_1-\gamma_3=6.727d\,(d+1.105b)\,\left[(d+0.263b)^2+1.205^2\right]/$
$\left[(4b-3d)(2b-d)(b+d)(4b+4d+\sqrt{2}d)\right]>0$

即 $\gamma_5>\gamma_1>\gamma_3$。

因此引理 6-1 中的④得证。

命题 6-1　当 $0<d<0.6223b$，$0<\gamma_5<\gamma<1$，$0<k_2<k<k_1<1$，$0<v_0<v_{02}$ 时，或者当 $0<d<0.6223b$，$0<\gamma_5<\gamma<1$，$0<k_1<k<1$，$0<v_{01}<v_0<v_{02}$ 时，$E(M_{1rr})>E(M_{1uw})$，$E(R_{1rr})>E(R_{1uw})$。

证明：两条竞争性供应链均采用纵向约束的固定加价合同或不约束的批发价格合同时的制造商预期收益比较为

$E(M_{1rr})-E(M_{1uw})=(v_0-v_{01})(1-k)bt_1(2b\gamma+dt_2-d\gamma t_2)^2/(4b^2-d^2t_1t_2)^2$

零售商的预期收益比较为

$E(R_{1rr})-E(R_{1uw})=-(v_0-v_{02})(1-k)bt_1(2b\gamma+dt_2-d\gamma t_2)^2/(4b^2-d^2t_1t_2)^2$

结合引理 6-1 可知，当 $0<d<0.6223b$，$0<\gamma_5<\gamma<1$，$0<k_2<k<k_1<1$，$0<v_0<v_{02}$ 时，或者当 $0<d<0.6223b$，$0<\gamma_5<\gamma<1$，$0<k_1<k<1$，$0<v_{01}<v_0<v_{02}$ 时，$E(M_{1rr})>E(M_{1uw})$，$E(R_{1rr})>E(R_{1uw})$。因此命题 6-1 得证。

命题 6-1 表明，若两条供应链之间的横向价格竞争效应相对较弱，其强度小于 0.6223b，产品的市场份额又较大（超过 γ_5），行业的固定加价比例相对适中［在 (k_2,k_1) 内］且市场需求波动风险不是很高（小于v_{02}），或者即使固定加价的比例较大（大于k_1），但市场需求波动的风险相对适中［在（v_{01}，v_{02}）内］，则采用固定加价合同不仅可使制造商控制终端零售价格，还能降低零售商承担风险的比例（因为此时制造商与零售商共担需求波动风险），并实现制造商和零售商双方绩效 Pareto 改进的双赢。

6.4.2 竞争对手供应链采用批发价格合同时的绩效改进分析

记$E(M_{1rw})=E(M_{1uw})$ 和$E(R_{1rw})=E(R_{1uw})$ 关于市场波动风险v_0的边界分别为v_{03}和v_{04}，v_{03}和v_{04}均为零的固定加价比例边界分别为k_3和k_4。具体如下：

$$v_{03} = \frac{(k-k_3)a_0^2(4b\gamma+3d-3d\gamma)^2(4b^2-d^2t_1t_2)^2}{t_1(8b^2-3d^2)^2(2b\gamma+dt_2-d\gamma t_2)^2(1-k)}$$

$$v_{04} = \frac{(k-k_4)a_0^2(4b\gamma+3d-3d\gamma)^2(4b^2-d^2t_1t_2)^2}{t_1(8b^2-3d^2)^2(2b\gamma+dt_2-d\gamma t_2)^2(1-k)}$$

$$k_3 = (63d^4-192b^2d^2+128b^4)/(16b^2-9d^2)^2$$

$$k_4 = (8b^2-3d^2)^2/(16b^2-9d^2)^2$$

引理 6-2 ①当 $k>\max(k_3, 0)$ 时，$v_{03}>0$；②当 $1>k>k_4>0$ 时，$v_{04}>0$；③当 $0<d<0.7507b$ 时，$v_{04}>v_{03}$，$k_3>k_4$。

命题 6-2 当 $0<d<0.7507b$，$0<k_4<k<k_3<1$，$0<v_0<v_{04}$时，或者当 $0<d<0.7507b$，$0<k_3<k<1$，$0<v_{03}<v_0<v_{04}$时，$E(M_{1rw})>E(M_{1uw})$，$E(R_{1rw})>E(R_{1uw})$。

证明：若竞争对手供应链采用无纵向约束的批发价格合同，则本链采用或不采用纵向约束的固定加价合同的制造商预期收益之差和零售商预期收益之差分别为

$$E(M_{1rw})-E(M_{1uw})=(v_0-v_{03})(1-k)bt_1(2b\gamma+dt_2-d\gamma t_2)^2/(4b^2-d^2t_1t_2)^2$$

$E(R_{1rw}) - E(R_{1uw}) = (v_0 - v_{04})(1-k)bt_1(2b\gamma + dt_2 - d\gamma t_2)^2/[-(4b^2 - d^2t_1t_2)^2]$

且

$v_{04} - v_{03} = 54a_0^2(d - 0.7505b)(d + 0.7505b)(d - 1.4502b)(d + 1.4502b)(4b\gamma + 3d - 3d\gamma)^2(4b^2 - d^2t_1t_2)^2/[t_1(8b^2 - 3d^2)^2(2b\gamma + dt_2 - d\gamma t_2)^2(1-k)(16b^2 - 9d^2)^2]$

$k_3 - k_4 = 54(d - 0.7505b)(d + 0.7505b)(d - 1.4502b)(d + 1.4502b)/(16b^2 - 9d^2)^2$

$k_3 - 1 = -2(3d^2 - 8b^2)^2/(16b^2 - 9d^2)^2 < 0$

$k_4 - 1 = -24(2b^2 - d^2)(4b^2 - 3d^2)/(16b^2 - 9d^2)^2 < 0$

于是可得当 $0 < d < 0.7507b$，$0 < k_4 < k < k_3 < 1$，$0 < v_0 < v_{04}$ 时，或者当 $0 < d < 0.7507b$，$0 < k_3 < k < 1$，$0 < v_{03} < v_0 < v_{04}$ 时，$E(M_{1rw}) > E(M_{1uw})$，$E(R_{1rw}) > E(R_{1uw})$。因此命题 6-2 得证。

命题 6-2 表明，若竞争对手供应链的制造商提供无约束的批发价格合同，则当两条供应链间的横向价格竞争效应相对较弱（强度小于 0.7507b），固定加价的比例相对适中〔在 (k_4, k_3) 内〕且零售终端的市场需求波动风险不是很高（小于 v_{04}），或者即使固定加价比例相对较大（大于 k_3），但市场需求波动风险相对适中〔在 (v_{03}, v_{04}) 内〕，则本供应链中的制造商有动力提供纵向约束的固定加价合同来控制终端零售价格，并使制造商和零售商双方的绩效均实现 Pareto 改进。

6.4.3 竞争对手供应链采用固定加价合同时的绩效改进分析

记 $E(M_{1rr}) = E(M_{1ur})$ 和 $E(R_{1rr}) = E(R_{1ur})$ 关于市场波动风险 v_0 的边界分别为 v_{05} 和 v_{06}，v_{05} 和 v_{06} 均为零的固定加价比例边界分别为 k_5 和 k_6。具体如下：

$$v_{05} = \frac{(k - k_5)a_0^2(2b\gamma + d - d\gamma)^2(4b^2 - d^2 t_1 t_2)^2}{t_1(4b^2 - d^2)^2(2b\gamma + d t_2 - d\gamma t_2)^2(1 - k)}$$

$$v_{06} = \frac{(k - k_6)a_0^2(2b\gamma + d - d\gamma)^2(4b^2 - d^2 t_1 t_2)^2}{t_1(4b^2 - d^2)^2(2b\gamma + d t_2 - d\gamma t_2)^2(1 - k)}$$

$$k_5 = (32b^4 - 32b^2 d^2 + 7d^4)/(8b^2 - 3d^2)^2$$

$$k_6 = (16b^4 - 8b^4 d^2 + d^4)/(8b^2 - 3d^2)^2$$

引理 6-3　①当 $0 < k_5 < k < 1$ 时，$v_{05} > 0$；②当 $0 < k_6 < k < 1$ 时，$v_{06} > 0$；③当 $0 < d < 0.9194b$ 时，$v_{06} > v_{05}$，$k_5 > k_6$。

命题 6-3　当 $0 < d < 0.9194b$，$0 < k_6 < k < k_5 < 1$，$0 < v_0 < v_{06}$ 时，或者当 $0 < d < 0.9194b$，$0 < k_5 < k < 1$，$0 < v_{05} < v_0 < v_{06}$ 时，$E(M_{1rr}) > E(M_{1wr})$，$E(R_{1rr}) > E(R_{1wr})$。

证明：若竞争对手供应链采用纵向约束的固定加价合同，则本链采用或不采用固定加价合同的制造商预期收益比较为

$$E(M_{1rr}) - E(M_{1wr}) = (v_0 - v_{05})(1 - k)b t_1(2b\gamma + d t_2 - d\gamma t_2)^2/(4b^2 - d^2 t_1 t_2)^2$$

零售商预期收益比较为

$$E(R_{1rw}) - E(R_{1ww}) = (v_0 - v_{06})(1 - k)b t_1(2b\gamma + d t_2 - d\gamma t_2)^2/[-(4b^2 - d^2 t_1 t_2)^2]$$

且

$$v_{06} - v_{05} = 6a_0^2(d - 0.9194b)(d + 0.9194b)(d - 1.7761b)(d + 1.7761b)(2b\gamma + d - d\gamma)^2(4b^2 - d^2 t_1 t_2)^2/[t_1(4b^2 - d^2)^2(2b\gamma + d t_2 - d\gamma t_2)^2(1 - k)(8b^2 - 3d^2)^2]$$

$$k_5 - k_6 = 6(d - 0.9194b)(d + 0.9194b)(d - 1.7761b)(d + 1.7761b)/(8b^2 - 3d^2)^2$$

$$k_5 - 1 = -2(d^2 - 4b^2)^2/(8b^2 - 3d^2)^2 < 0$$

$$k_6 - 1 = -8(2b^2 - d^2)(3b^2 - d^2)/(8b^2 - 3d^2)^2 < 0$$

于是可得当 $0 < d < 0.9194b$，$0 < k_6 < k < k_5 < 1$，$0 < v_0 < v_{06}$ 时，或者当 $0 < d < 0.9194b$，$0 < k_5 < k < 1$，$0 < v_{05} < v_0 < v_{06}$

时，$E(M_{1rr}) > E(M_{1ur})$，$E(R_{1rr}) > E(R_{1ur})$。因此命题6-3得证。

命题6-3表明，若竞争对手供应链的制造商采用纵向约束的固定加价合同，则当横向价格竞争不是非常激烈（其强度小于$0.9194b$），行业固定加价比例相对适中［在（k_6，k_5）内］且市场需求波动风险相对不是很高（小于v_{06}），或者行业固定加价比例相对较大（大于k_6）且市场需求波动风险相对适中［在（v_{05}，v_{06}）内］时，本供应链中的制造商采用控制终端零售价格的固定加价合同不仅可与零售商共担市场需求波动风险，还可使制造商和零售商实现绩效均改进的双赢。

6.4.4 实现制造商和零售商绩效 Pareto 改进的合同演变分析

引理 6-4 $v_{04} > v_{02}$，$v_{06} > v_{02}$；$v_{01} > v_{03}$，$v_{01} > v_{05}$。

证明：各市场需求波动风险边界值之差为

$$v_{04} - v_{02} = -4a_0^2 kbd[(2b-d)(8b^2 - 3d^2 - bd)\gamma + 10b^2 d - 3d^3](2b\gamma + d - d\gamma)(4b^2 - d^2 t_1 t_2)^2/[t_1(4b^2 - d^2)^2 (2b\gamma + dt_2 - d\gamma t_2)^2(1-k)(8b^2 - 3d^2)^2] > 0$$

$$v_{06} - v_{02} = -4a_0^2 bd[(4b-3d)(8b^2 - 3d^2 + bd)\gamma + 20b^2 d - 9d^3](4b\gamma - 3d\gamma - 4b)(4b^2 - d^2 t_1 t_2)^2/[t_1(16b^2 - 9d^2)^2(2b\gamma + dt_2 - d\gamma t_2)^2(1-k)(8b^2 - 3d^2)^2] > 0$$

$$v_{01} - v_{03} = -4a_0^2 bd[(2b-d)(8b^2 - 3d^2 + bd)\gamma + 10b^2 d - 3d^3](2b\gamma - d\gamma - 2b)(4b^2 - d^2 t_1 t_2)^2/[t_1(4b^2 - d^2)^2 (2b\gamma + dt_2 - d\gamma t_2)^2(8b^2 - 3d^2)^2] > 0$$

$$v_{01} - v_{05} = 8a_0^2 bd[(4b-3d)(8b^2 - 3d^2 + bd)\gamma + 20b^2 d - 9d^3](4b\gamma - 3d\gamma - 4b)(4b^2 - d^2 t_1 t_2)^2/[t_1(16b^2 - 9d^2)^2(2b\gamma + dt_2 - d\gamma t_2)^2(1-k)(8b^2 - 3d^2)^2] > 0$$

所以$v_{04} > v_{02}$，$v_{06} > v_{02}$；$v_{01} > v_{03}$，$v_{01} > v_{05}$。因此引理

6-4得证。

引理 6-4 表明，市场需求波动风险 v_0 的边界值范围为（v_{01}，v_{02}）（v_{03}，v_{04}），（v_{01}，v_{02}）（v_{05}，v_{06}）；（0，v_{02}）（0，v_{04}），（0，v_{02}）（0，v_{06}）。

命题 6-4　当 $0<d<0.6223b$，$0<\gamma_5<\gamma<1$，$0<k_2<k<k_1<1$，$0<v_0<v_{02}$ 时，或者当 $0<d<0.6223b$，$0<\gamma_5<\gamma<1$，$0<k_1<k<1$，$0<v_{01}<v_0<v_{02}$ 时，链与链价格竞争的合同选择演化过程为 $ww \to wr/rw \to rr$，两条链均采用固定加价合同为最终的贝叶斯均衡和占优均衡。

命题 6-4 表明，若两条供应链之间的横向价格竞争相对较弱，零售商的市场份额相对较大，固定加价比例相对适中且零售终端市场需求的波动风险也相对不是很高，或者固定加价比例较高但市场需求波动风险适中，则两条竞争性供应链的合同演化过程由不存在纵向约束的批发价格合同转为制造商控制终端零售价格的固定加价合同，且两条竞争性供应链均采用固定加价合同为实现制造商和零售商绩效均改进的占优贝叶斯均衡。

为了直观地观测平均需求规模对固定加价合同选择的影响，令 $b=1$，$d=0.5$，$\gamma=0.7$，$t_1=t_1=0.5$，$k=0.6$，得到图 6-1。由图 6-1 可知，市场平均需求规模越大，制造商因提供固定加价合同控制终端零售价格而使得其和零售商可承受的市场需求波动风险越高，需求波动风险的均衡范围越大，但该范围增长的速度较为缓慢。

为了直观地观测市场份额对固定加价合同选择的影响，令 $a_0=10$，$b=1$，$d=0.4$，$t_1=t_1=0.5$，$k=0.6$，得到图 6-2。由图 6-2 可知，当零售商的市场份额小于 0.462，基于纵向约束的固定加价合同失效；而当市场份额大于 0.462 时，供应链可承受的需求风险波动均衡区域范围随市场份额的加大而增大。

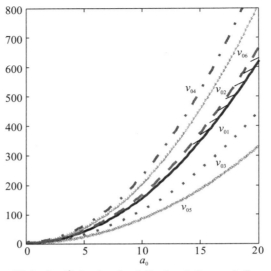

图 6-1 当 $b=1$，$d=0.5$，$k=0.6$，$\gamma=0.7$，
$t_1=t_2=0.5$ 时的风险均衡区域与 a_0 的演化

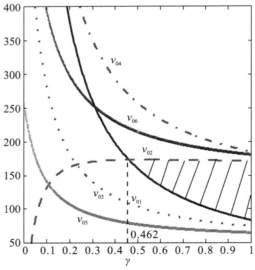

图 6-2 当 $a_0=10$，$b=1$，$d=0.4$，$k=0.6$，
$t_1=t_2=0.5$ 时的风险均衡区域与 γ 的演化

为了直观地观测价格竞争对固定加价合同选择的影响，令 a_0 =10，$b=1$，$\gamma=0.7$，$t_1=t_1=0.5$，$k=0.6$，得到图 6-3。由图 6-3 可知，价格竞争强度越强，则固定加价合同为占优贝叶斯均衡的市场需求风险均衡条件区域越小，且当价格竞争强度超过 0.52 时，基于纵向约束的固定加价合同失效。即横向价格竞争非常激烈时，采用纵向约束并不是最优的决策，反而分散化决策最好，McGuire & Staelin（1983）也证明了这点。

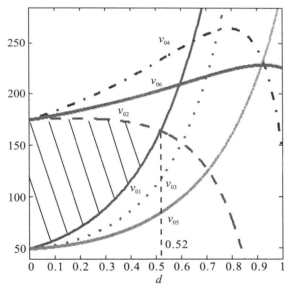

图 6-3　当 a_0 =10，$b=1$，$\gamma=0.7$，$k=0.6$，
$t_1=t_2=0.5$ 时的风险均衡区域与 d 的演化

为了直观地观测加价比例对固定加价合同选择影响，令 a_0 = 10，$b=1$，$d=0.4$，$\gamma=0.7$，$t_1=t_1=0.5$，得到图 6-4。由图 6-4 可知，当加价比例非常小时，固定加价合同失去意义，且随着加价比例的逐渐提高，制造商和零售商可承受的需求波动风险越来越大，但需求的波动风险均衡条件区域比较稳定。

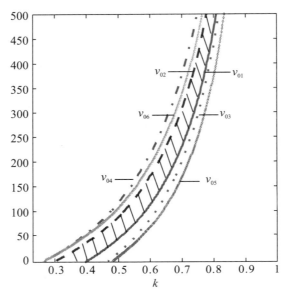

图 6-4　当 $a_0 = 10$，$b = 1$，$d = 0.4$，$\gamma = 0.7$，
$t_1 = t_2 = 0.5$ 时的风险均衡区域与 k 的演化

　　为了直观地观测本供应链中零售商的预测能力对固定加价合同选择的影响，令 $a_0 = 10$，$b = 1$，$d = 0.4$，$\gamma = 0.7$，$k = 0.6$，$t_2 = 0.5$，得到图 6-5。由图 6-5 可知，随着零售商预测能力系数的增强，制造商和零售商面临的市场需求波动风险逐渐减小，且固定加价合同为占优贝叶斯均衡的市场风险均衡条件区域逐渐减小。

　　为了直观地观测竞争对手零售商的预测能力对本供应链采用固定加价合同的影响，令 $a_0 = 10$，$b = 1$，$d = 0.4$，$\gamma = 0.7$，$k = 0.6$，$t_1 = 0.5$，得到图 6-6。由图 6-6 可知，当竞争对手零售商的预测能力逐渐增强时，本供应链采用固定加价合同所面临的市场需求波动风险逐步减小，但减小速度缓慢，且面临的市场需求波动风险均衡条件区域依然比较稳定。

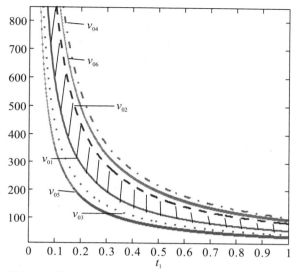

图 6-5　当 $a_0=10$, $b=1$, $d=0.4$, $k=0.6$, $\gamma=0.7$,
$t_2=0.5$ 时的风险均衡区域与 t_1 的演化

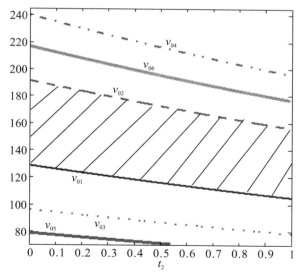

图 6-6　当 $a_0=10$, $b=1$, $d=0.4$, $k=0.6$, $\gamma=0.7$,
$t_1=0.5$ 时的风险均衡区域与 t_2 的演化

6.5 实现供应链系统绩效 Pareto 改进的纵向合同选择

记 $E(T_{1rr}) = E(M_{1rr}) + E(R_{1rr})$，$E(T_{1uw}) = E(M_{1uw}) + E(R_{1uw})$，$E(T_{1rw}) = E(M_{1rw}) + E(R_{1rw})$，$E(T_{1ur}) = E(M_{1ur}) + E(R_{1ur})$，且 $E(T_{1rr}) = E(T_{1uw})$ 的解为 γ_3 和 γ_4，则可得如下命题：

命题 6-5 当 $0 < d < 0.6223b$，$0 < \gamma_5 < \gamma < 1$ 时，$E(T_{1rr}) > E(T_{1uw})$；否则当 $0 < d < 0.6223b$，$0 < \gamma < \gamma_5$，或者当 $b > d > 0.6223b$ 时，$E(T_{1rr}) < E(T_{1uw})$。

证明：两条竞争性供应链均采用或均不采用固定加价合同的供应链系统收益之差为

$$E(T_{1rr}) - E(T_{1uw}) = 2a_0^2 b(\gamma - \gamma_5)(\gamma - \gamma_6)(3d^2 + 6bd + 2b^2)/(4b + 3d)^2(2b + d)^2$$

结合命题 6-1 可知，当 $0 < d < 0.6223b$，$0 < \gamma_5 < \gamma < 1$ 时，$E(T_{1rr}) > E(T_{1uw})$；否则当 $0 < d < 0.6223b$，$0 < \gamma < \gamma_5$，或者当 $b > d > 0.6223b$ 时，$E(T_{1rr}) < E(T_{1uw})$。因此命题 6-5 得证。

命题 6-5 表明，若两条竞争性供应链均采用相同的纵向合同，则当横向价格相对较弱（强度小于 $0.6223b$），产品的市场份额又相对较大（超过 γ_5）时，采用纵向约束的固定加价合同所带来的供应链系统绩效大于采用批发价格合同时的系统绩效；若此时市场份额小于 γ_5，则制造商没有动力控制终端零售价格，批发价格合同反而优于固定加价合同。另外，无论零售商的预测能力多强、市场份额多大、固定加价比例多大以及需求波动风险如何，只要当横向价格竞争强度超过 $0.6223b$ 时，加剧的价格战使得纵向外部性得以弱化，制造商控制终端零售价格的意愿消失，批发价格合同反而更有利于供应链整个系统。

命题 6−6　当 $0<d<0.9194b$，则 $E(T_{1rr})>E(T_{1ur})$，否则反之。

证明：若竞争对手供应链采用纵向约束的固定加价合同，则本供应链采用或不采用固定加价合同的供应链系统收益之差为

$$E(T_{1rr})-E(T_{1ur})=6ba_0^2(d-0.9194b)(d+0.9194b)(d-1.7761b)(d+1.7761b)(2b\gamma+d-d\gamma)^2/[(4b^2-d^2)^2(8b^2-3d^2)^2]$$

所以当 $0<d<0.9194b$，则 $E(T_{1rr})>E(T_{1ur})$，否则反之。因此命题 6−6 得证。

命题 6−6 表明，若竞争对手供应链采用纵向约束的固定加价合同，则当价格竞争相对不是很剧烈，竞争强度小于 $0.9194b$ 时，本供应链采用的固定加价合同时的供应链系统绩效优于采用批发价格的供应链系统绩效。而当横向价格竞争非常惨烈时，控制终端零售价格的固定加价合同所带来的系统绩效反而劣于简单的批发价格合同，也即分散化系统更有利于应对激烈的价格竞争。该结论丰富了 McGuire & Staelin[7] 的研究结论。

命题 6−7　当 $0<d<0.7505b$ 时，$E(T_{1rw})>E(T_{1uw})$，否则反之。

证明：若竞争对手供应链采用批发价格合同，则本供应链采用或不采用固定加价合同的供应链系统收益比较为

$$E(T_{1rw})-E(T_{1uw})=54ba_0^2(d-0.7505b)(d+0.7505b)(d-1.4502b)(d+1.4502b)(4b\gamma+3d-3d\gamma)^2/[(8b^2-3d^2)^2(16b^2-9d^2)^2]$$

所以当 $0<d<0.7505b$ 时，$E(T_{1rw})>E(T_{1uw})$，否则反之。因此命题 6−7 得证。

命题 6−7 表明，若竞争对手供应链采用简单的批发价格合同，则当两条供应链间的横向价格竞争相对较弱时，本链采用固定加价合同的系统绩效优于采用批发价格的供应链系统绩效。而

若横向价格竞争加剧，也即本链所面临的横向外部性加强时，采用批发价格所带来的系统绩效优于固定加价合同时的系统绩效。

由命题 6-5、命题 6-6 和命题 6-7 容易得到以下命题：

命题 6-8 （1）当 $0<d<0.6223b$，$0<\gamma_5<\gamma<1$ 时，两条竞争性供应链的纵向合同演变过程为 $ww \to wr/rw \to rr$，rr 为最终的贝叶斯均衡。

（2）当 $0<d<0.6223b$，$0<\gamma<\gamma_5<1$，或者当 $0.6223b<d<0.7507b$ 时，两条竞争性供应链的纵向合同演变过程为 $ww \to wr/rw \to rr$，rr 会产生囚徒困境均衡。

（3）当 $0.7507b<d<0.9194b$ 时，两条竞争性供应链的纵向合同演变过程为 $wr/rw \to ww$，$wr/rw \to rr$，即 ww 和 rr 均为最终的均衡。

（4）当 $0.9194b<d<1$ 时，两条竞争性供应链的纵向合同演变过程为 $rr \to wr/rw \to ww$，ww 为最终的贝叶斯均衡。

命题 6-8 中（1）和（2）表明，当横向价格竞争相对较弱（强度小于 $0.6223b$），零售商面临的市场份额又较大（大于 γ_5）时，两条竞争性供应链的纵向合同选择由批发价格合同演变为固定加价合同，且固定加价合同为具有占优性质的贝叶斯均衡。若此时零售商面临的市场份额较小（小于 γ_5），或者仅当横向价格竞争相对适中［强度在（$0.6223b$，$0.7507b$）内］时，竞争供应链的纵向合同选择依然由批发价格合同演变为固定加价合同，但固定加价合同形成的贝叶斯均衡为囚徒困境均衡。

命题 6-8 中（3）和（4）表明，当横向价格竞争加剧至较为激烈［竞争强度在（$0.7507b$，$0.9194b$）内］时，固定加价合同和批发价格合同均为最终的均衡。若横向价格竞争继续加剧至非常激烈（强度大于 $0.9194b$）时，两条竞争性供应链的纵向合同选择由固定加价合同演变为批发价格合同，且该批发价格合同为具有占优性质的贝叶斯均衡。

6.6　本章小结

本章基于需求不确定的链与链价格竞争环境，以批发价格合同为基准，研究了固定加价合同改进供应链各成员绩效的条件，识别了固定加价合同选择的博弈均衡特征，并进一步分析市场波动风险、市场规模、市场份额、价格竞争、零售商预测能力及固定加价比例对合同选择行为的影响，得到：

（1）当横向价格竞争相对较弱，零售商面临的市场份额又较大时，两条竞争性供应链均采用纵向约束的固定加价行为是实现供应链系统绩效改进的占优贝叶斯均衡；若此时固定加价的比例相对适中且市场需求波动风险不是很高，或者固定加价的比例较大但市场需求波动的风险相对适中，则固定加价能实现制造商和零售商双方绩效均改进的双赢，并形成占优均衡和贝叶斯均衡。

（2）若价格竞争强度相对适中，或者相对较弱且零售商的市场份额相对较小，则固定加价是实现供应链系统绩效改进的贝叶斯均衡，但该合同会导致系统绩效的囚徒困境。

（3）若横向价格竞争加剧至较为激烈时，固定加价合同和批发价格合同均为系统角度的最终均衡。若价格竞争继续加剧至非常激烈，则两条竞争性供应链的纵向合同选择由固定加价合同演变为批发价格合同，且该批发价格合同为具有占优性质的贝叶斯均衡。

第7章　风险规避型零售商的链与链竞争两部定价合同

　　虽然第 6 章考虑了需求的不确定性对合同选择的影响，但并未考虑决策主体对风险的规避态度。本章基于需求不确定环境，构建两个风险中性制造商与两个排他性风险规避零售商组成的成熟竞争供应链模型，以批发价格合同为基准，考察制造商分别采用两部定价合同和批发价格合同时供应链各成员的绩效，识别采用两部定价合同实现制造商和零售商 Pareto 绩效均改进的占优均衡特征和局限性，并分析了需求风险、价格竞争和零售商的风险态度（风险规避或风险中性）对两部定价合同参数设置的影响。

　　本章的研究结论表明，当横向价格竞争相对较弱，且两部定价合同的固定收费适中，则两部定价合同是实现上下游绩效改进的占优均衡。当横向价格竞争相对较激烈时，两部定价合同失效，批发价格合同更有利于规避激烈的价格竞争。该结论充分拓展了 McGuire & Staelin[7] 确定需求环境下的结论，即不管是基于制造商绩效改进的角度，还是制造商和零售商双方绩效均改进的双赢角度，不管是基于链与链竞争的控制结构选择还是纵向合同选择，不管是需求确定还是不确定，采用批发价格合同（而非两部定价合同或中心化结构）更有利于应对激烈的价格竞争。

7.1　基本模型

本章将以批发价格合同为基准，考察需求不确定环境下两个制造商与两个排他性零售商构成的成熟竞争供应链的两部定价合同选择问题。两部定价合同形式为 (F_i, w_i)，其中 F_i 是固定费用，并假定其为行业外生变量，或者通过纵向的双方谈判而决定；w_i 是单位批发价格。每条供应链的制造商和零售商之间展开以制造商为领导者的斯塔克伯格博弈：首先，两条竞争性供应链的制造商均同时提供两部定价合同或批发价格合同；其次，根据制造商们提供的纵向合同，零售商们同时选择零售价格和订货量；最后，制造商满足零售商的订单，零售商满足市场需求，从而形成横向竞争市场，且竞争效应逐步向上游制造商传递，形成两条供应链之间的竞争。零售商 i 面临的市场需求函数为

$$q_i = a - p_i + bp_j, \quad i = 3 - j \qquad (7-1)$$
$$a = a_0 + e, \quad e \sim N(0, v) \qquad (7-2)$$

式中，a 为零售商 i 面临的潜在市场需求量，其均值为 a_0；e 为潜在市场需求的不确定性部分，服从均值为零与方差为 v 的正态分布，v 代表了市场需求波动的风险大小；b 为两个产品的替代程度且 $0 < b < 1$；p_i 和 q_i 分别为第 i 条供应链的产品零售价格和需求量。假定：

（1）制造商为风险中性型，零售商为风险规避型，且其效用函数为指数形式的 CARA 效用函数（Constant Absolute Risk Aversion utility function），即 $U(x) = -e^{-rx}$，其中 r 为绝对风险规避因子，r 越大，说明越规避风险。根据 Matsui[121] 等对 CARA 函数的处理方法可得零售商的期望效用函数 $E[U(R_i)] = U[E(R_i) - rv(p_i - w_i)^2/2]$，其中 $E(R_i)$ 为零售商 i 的期望收益，$E(R_i) - rv(p_i - w_i)^2/2$ 为零售商 i 的确定

性等价收益。

（2）纵向合同内容不可被竞争对手所观测。

（3）供应链中的其他成本均为零，因为主要考查需求风险、零售商的风险规避程度及价格竞争对两部定价合同选择的影响。

以下将分别计算两条供应链均采用批发价格合同（即对称的批发价格合同情形）、均采用两部定价合同（即对称的两部定价合同情形）、第一条供应链采用批发价格合同和第二条供应链采用两部定价合同（即批发价格合同和两部定价合同混合的情形）时供应链各成员绩效，并识别两部定价合同实现制造商和零售商绩效均改进的占优均衡条件和局限性。

7.2 竞争供应链采用两部定价合同或批发价格合同的绩效

7.2.1 对称的批发价格情形

首先考察两条竞争性供应链中的制造商均提供批发价格合同的情形，由于零售商具有风险规避性，所以零售商通过决策零售价格获得最大期望效用，而风险中性制造商则通过决策批发价格获得最大期望收益。制造商和零售商的决策模型分别为

$$\max_{p_i} E[U(R_i)] = \max_{p_i}\{U[E(R_i) - rv(p_i - w_i)^2/2]\} \quad (7-3)$$

$$\max_{w_i} E(M_i) = \max_{w_i}[w_i E(q_i)] \quad (7-4)$$

式中，$E(R_i) = (p_i - w_i)E(q_i)$，$E(M_i)$ 为制造商 i 的期望收益。记此种情形为 ww 情形，根据纵向斯塔克伯格博弈规则和纵向合同的不可观测性，采用倒推法，得到零售价格的竞争均衡为

$$p_{iww} = a_0(3 + rv)/(4 - 3b + 2rv - brv) \quad (7-5)$$

则零售商 i 的预期效用为

$$E[U(R_{iww})] = -\exp\{-ra_0^2(2+rv)/[2(4-3b+2rv-brv)^2]\}$$

$$(7-6)$$

则制造商 i 的预期收益为

$$E(M_{iww}) = a_0^2(1+rv)(2+rv)/(4-3b+2rv-brv)^2 \quad (7-7)$$

7.2.2　对称的两部定价合同情形

若两条竞争性供应链中的制造商均向零售商提供两部定价合同，则零售商 i 的决策模型为

$$\max_{p_i} E[U(R_i)] = \max_{p_i}\{U[E(R_i) - rv(p_i - w_i)^2/2]\} \quad (7-8)$$

式中，$E(R_i) = (p_i - w_i)E(q_i) - F_i$。

由于制造商提供两部定价合同，可以通过收取固定费用调节其自身收益的大小，所以制造商可以根据其所在供应链整体收益最大化来确定最优批发价格，决策模型为

$$\max_{w_i} E(T_i) = \max_{w_i}[p_i E(q_i)] \quad (7-9)$$

记此种情形为 tt 情形，根据纵向斯塔克伯格博弈规则及倒推法，得到零售价格竞争均衡为

$$p_{itt} = a_0/(2-b) \quad (7-10)$$

则零售商 i 和制造商 i 的期望收益分别为

$$E[U(R_{itt})] = -\exp\{-ra_0^2(2+rv)/[2(1+rv)^2(2-b)^2] + rF_i\}$$

$$(7-11)$$

$$E(M_{itt}) = F_i + rva_0^2/[(1+rv)(2-b)^2] \quad (7-12)$$

7.2.3　非对称的混合情形

假定第一条供应链采用的纵向合同为批发价格合同，第二条供应链采用的纵向合同为两部定价合同，则第一条供应链中零售商和制造商的决策模型分别为

$$\max_{p_1} E[U(R_1)] = \max_{p_1}\{U[E(R_1) - rv(p_1 - w_1)^2/2]\} \quad (7-13)$$

$$\max_{w_1} E(M_1) = \max_{w_1}[w_1 E(q_1)] \quad (7-14)$$

式中，$E(R_1) = (p_1 - w_1) E(q_1)$。第二条供应链中零售商和制造商的决策模型分别为

$$\max_{p_2} E[U(R_2)] = \max_{p_2}\{U[E(R_2) - rv(p_2 - w_2)^2/2]\} \quad (7-15)$$

$$\max_{w_2} E(T_2) = \max_{w_2}[p_2 E(q_2)] \quad (7-16)$$

式中，$E(R_2) = (p_2 - w_2) E(q_2) - F_2$。

记此种情形为 wt 情形，根据纵向斯塔克伯格博弈规则及倒推法，得到零售价格竞争均衡为

$$p_{1wt} = a_0(2+b)(3+rv)/(8 - 3b^2 + 4rv - b^2 rv) \quad (7-17)$$

$$p_{2wt} = \frac{a_0(4 + 3b + 2rv + brv)}{8 - 3b^2 + 4rv - b^2 rv} \quad (7-18)$$

则制造商 1 的期望收益和与零售商的期望效用分别为

$$E(M_{1wt}) = \frac{a_0^2(1+rv)(2+rv)(2+b)^2}{(8 - 3b^2 + 4rv - b^2 rv)^2} \quad (7-19)$$

$$E[U(R_{1wt})] = -\exp\left[\frac{-r a_0^2(2+rv)(2+b)^2}{2(8 - 3b^2 + 4rv - b^2 rv)^2}\right] \quad (7-20)$$

则制造商 2 的期望收益和零售商 2 的期望效用分别为

$$E(M_{2wt}) = F_2 + \frac{rv a_0^2(4 + 3b + 2rv + brv)^2}{(1+rv)(8 - 3b^2 + 4rv - b^2 rv)^2} \quad (7-21)$$

$$E[U(R_{2wt})] = -\exp\left[\frac{-r a_0^2(2+rv)(4 + 3b + 2rv + brv)^2}{2(1+rv)^2(8 - 3b^2 + 4rv - b^2 rv)^2} + r F_2\right]$$
$$(7-22)$$

7.3　基于上下游双赢的纵向合同均衡比较和选择

7.3.1　竞争对手采用批发价格合同时的均衡比较与选择

记 $E(M_{2ut}) = E(M_{2uw})$ 和 $E[U(R_{2ut})] = E[U(R_{2uw})]$ 关于固定收费 F_2 的边界为 F_{21} 和 F_{22}，且

$F_{21} = 2\,a_0^2\,\big[\,(4\,b^2 - b^4)\,r^4 v^4 + (24\,b^2 + 8 - 8\,b^4)\,r^3 v^3 + (48 - 20b^4 + 36\,b^2)\,r^2 v^2 + (96 - 12\,b^4 - 16\,b^2)\,rv + 64 - 48\,b^2 + 9b^4\,\big]\,/\,\big[\,(4 - 3b + 2rv - brv)^2\,(1+rv)\,(8 - 3\,b^2 + 4rv - b^2 rv)^2\,\big]$

$F_{22} = 2\,a_0^2\,(2 + rv)^2\,(6 - 3\,b^2 + 4rv - b^2 rv)\,(4 - 3\,b^2 + 2rv - b^2 rv)\,/\,\big[\,(4 - 3b + 2rv - brv)^2\,(1 + rv)^2\,(8 - 3\,b^2 + 4rv - b^2 rv)^2\,\big]$

记 $F_{22} = F_{21}$ 关于竞争强度 b 的边界值分别为 b_1，b_2，b_3，b_4，且 $b_1 = -b_2$，$b_3 = -b_4$。b_1 和 b_3 的值分别如下：

$$b_1 = \frac{\sqrt{(2+rv)^2(2r^2 v^2 + 3rv + 3) + (1+rv)(2+rv)}\,\sqrt{(3+2rv)(2+rv)(2r^2 v^2 + 3rv + 3)}}{\sqrt{(3+rv)(r^3 v^3 + 4 r^2 v^2 + 5rv + 3)}}$$

$$b_3 = \frac{\sqrt{(2+rv)^2(2r^2 v^2 + 3rv + 3) - (1+rv)(2+rv)}\,\sqrt{(3+2rv)(2+rv)(2r^2 v^2 + 3rv + 3)}}{\sqrt{(3+rv)(r^3 v^3 + 4 r^2 v^2 + 5rv + 3)}}$$

引理 7-1　①$F_{21} > 0$，$F_{22} > 0$；②$b_1 > 1$，$b_2 < 0$，$b_4 < 0$，$0 < b_3 < 0.7507$，且 b_3 关于 rv 减函数。

命题 7-1　当 $0 < b < b_3 < 0.7507$，$F_{21} < F < F_{22}$，则 $E(M_{2ut}) > E(M_{2uw})$ 且 $E[U(R_{2ut})] > E[U(R_{2uw})]$。

证明：若竞争对手供应链采用批发价格合同，则本供应链采用两部定价与批发价格合同时制造商期望收益比较为

$$E(M_{2ut}) - E(M_{2uw}) = F_2 - F_{21}$$

知当 $F_2 > F_{21}$ 时，$E(M_{2ut}) > E(M_{2uw})$。

令

$$f_{2ut} = \frac{a_0^2(2+rv)(4+3b+2rv+brv)^2}{2(1+rv)^2(8-3b^2+4rv-b^2rv)^2} - F_2$$

$$f_{2uw} = a_0^2(2+rv)/[2(-3b+2rv-brv)^2]$$

则 $E[U(R_{2ut})] = -e^{-rf_{2ut}}$，$E[U(R_{2uw})] = -e^{-rf_{2uw}}$。

而零售商的期望效用函数 $E[U(R_i)] = -e^{-rf_i}$ 关于 f_i 为增函数，所以比较零售商的期望效用大小只需比较 f_{2ut} 与 f_{2uw} 的大小。

因 $f_{2ut} - f_{2uw} = -F_2 + F_{22}$，知当 $F_2 < F_{22}$ 时，$f_{2ut} > f_{2uw}$，则有 $E[U(R_{2ut})] > E[U(R_{2uw})]$。

又

$$F_{22} - F_{21} = 2a_0^2(r^5v^5 + 10r^4v^4 + 38r^3v^3 + 69r^2v^2 + 63rv + 27)(b - b_1)(b - b_2)(b - b_3)(b - b_4)/[(4 - 3b + 2rv - brv)^2(1+rv)^2(8 - 3b^2 + 4rv - b^2rv)^2]$$

由引理 7-1 知 $b_1 > 1$，$b_2 < 0$，$b_4 < 0$，$0 < b_3 < 0.7507$，因而知当 $0 < b_3 < 0.7507$ 时，$F_{22} > F_{21}$。

所以得到当 $0 < b < b_3 < 0.7507$，$F_{21} < F < F_{22}$，则 $E(M_{2ut}) > E(M_{2uw})$ 且 $E[U(R_{2ut})] > E[U(R_{2uw})]$。因此命题 7-1 得证。

命题 7-1 表明，若竞争对手供应链采用批发价格合同，则当价格竞争在 $(0, b_3)$ 内且不超过 0.7507，并严重依赖于需求风险和零售商的绝对风险规避程度，固定收费在 (F_{21}, F_{22}) 范围内时，本供应链采用两部定价合同不仅改进了制造商的绩效，也改进了零售商的绩效，即实现了制造商和零售商 Pareto 绩效改进的双赢。

推论 7-1 当 $1 > b > b_3 > 0$ 时，$F_{22} < F_{21}$，改进制造商和零售商绩效的两部定价合同失效。

推论 7-1 表明，当竞争对手供应链采用批发价格合同时，若两条供应链间的价格竞争加剧导致横向外部性加强，则本供应链采用两部定价合同无法改进制造商和零售商的绩效，而此时批发价格合同更有利于规避激烈的价格竞争。该结论拓展了McGuire & Staelin[7]确定需求环境下的结论，即不管是基于制造商绩效改进的角度，还是制造商和零售商双方绩效均改进的双赢角度，不管是链与链竞争的控制结构选择还是纵向合同选择，不管是需求确定还是需求不确定，若竞争对手供应链采用批发价格合同，则本供应链采用批发价格合同（而非两部定价合同或中心化结构）更有利于应对激烈的价格竞争。

7.3.2　竞争对手采用两部定价合同时的均衡比较与选择

记 $E(M_{1tt})=E(M_{1ut})$ 和 $E[U(R_{1tt})]=E[U(R_{1ut})]$ 关于固定收费 F_1 的边界为 F_{11} 和 F_{12}，且

$F_{11}=2a_0^2[(4-b^2)r^2v^2b^2+2(2b^2+4-b^4)rv+(4-b^2)^2]/[(2-b)^2(1+rv)(8-3b^2+4rv-b^2rv)^2]$

$F_{12}=2a_0^2(2+rv)(2-b^2)(6-2b^2+4rv-b^2rv)/[(2-b)^2(1+rv)^2(8-3b^2+4rv-b^2rv)^2]$

记 $F_{22}=F_{21}$ 关于竞争强度 b 的边界值分别为 b_5，b_6，b_7，b_8，且 $b_5=-b_6$，$b_7=-b_8$。b_5 和 b_7 的值分别如下：

$$b_5=\frac{\sqrt{(2+rv)(2r^2v^2+3rv+3)}+(1+rv)\sqrt{(3+2rv)(2+rv)(2r^2v^2+3rv+3)}}{\sqrt{(r^3v^3+4r^2v^2+5rv+3)}}$$

$$b_7=\frac{\sqrt{(2+rv)(2r^2v^2+3rv+3)}-(1+rv)\sqrt{(3+2rv)(2+rv)(2r^2v^2+3rv+3)}}{\sqrt{(r^3v^3+4r^2v^2+5rv+3)}}$$

引理 7-2　①$F_{11}>0$，$F_{12}>0$；②$b_5>1$，$6<0$，$b_8<0$，$0<b_7<0.9194$，且 b_7 关于 rv 减函数。

命题 7-2　当 $0<b<b_7<0.9194$，$F_{11}<F_1<F_{12}$，则 $E(M_{1tt})>E(M_{1ut})$ 且 $E[U(R_{1tt})]>E[U(R_{1ut})]$。

证明： 若竞争对手供应链采用两部定价合同，则本供应链采用两部定价与批发价格合同时制造商期望收益比较为 $E(M_{1tt}) - E(M_{1wt}) = F_1 - F_{11}$，则当 $F_1 > F_{11}$ 时，$E(M_{1tt}) > E(M_{1wt})$。

令

$$f_{1tt} = a_0^2(2+rv)/[2(1+rv)^2(2-b)^2] - F_2$$

$$f_{1wt} = a_0^2(2+b)^2(2+rv)/[2(8-3b^2+4rv-b^2rv)^2]$$

则 $E[U(R_{1tt})] = -e^{-rf_{1tt}}$，$E[U(R_{1wt})] = -e^{-rf_{1wt}}$。

因 $f_{1tt} - f_{1wt} = -F_1 + F_{12}$，知当 $F_1 < F_{12}$ 时，$f_{1tt} > f_{1wt}$，则有 $E[U(R_{1tt})] > E[U(R_{1wt})]$。

又

$$F_{12} - F_{11} = 2a_0^2(4r^2v^2+r^3v^3+5rv+3)(b-b_5)(b-b_6)(b-b_7)(b-b_8)/[(2-b)^2(1+rv)^2(8-3b^2+4rv-b^2rv)^2]$$

结合引理 $7-2$ 知，$b_5 > 1$，$6 < 0$，$b_8 < 0$，$0 < b_7 < 0.9194$，所以当 $0 < b < b_7 < 0.9194$ 时，$F_{12} > F_{11}$。

所以当 $0 < b < b_7 < 0.9194$，$F_{11} < F_1 < F_{12}$，则 $E(M_{1tt}) > E(M_{1wt})$ 且 $E[U(R_{1tt})] > E[U(R_{1wt})]$。因此命题 $7-2$ 得证。

命题 $7-2$ 表明，若竞争对手供应链采用两部定价合同，则当价格竞争强度在 $(0, b_7)$ 内且不超过 0.9194，并严重依赖于需求风险和零售商的绝对风险规避程度，且固定收费在 (F_{11}, F_{12}) 范围内时，本供应链采用两部定价合同可使制造商的绩效和零售商的绩效均优于批发价格合同时的绩效，即制造商和零售商都可实现 Pareto 的绩效改进。

推论 $7-2$ 当 $1 > b > b_7 > 0$ 时，$F_{12} < F_{11}$，两部定价合同无法使制造商和零售商绩效均改进。

推论 $7-2$ 表明，当竞争对手供应链采用两部定价合同时，若两条供应链间的横向价格竞争加剧，其强度大于 b_7，则本供应链采用两部定价合同失效，无法同时改进制造商和零售商的绩效。

7.3.3　对称情形时的合同均衡比较与选择

记 $E(M_{1tt})=E(M_{1uw})$ 和 $E[U(R_{1tt})]=E[U(R_{1uw})]$ 关于固定收费 F_1 的边界为 F_{13} 和 F_{14}，且

$F_{13}=2\,a_0^2[(2b-b^2)\,r^2\,v^2+(2-2b^2+2b)rv+(2-b)^2]/[(2-b)^2(1+rv)(4-3b+2rv-brv)^2]$

$F_{14}=2\,a_0^2(2+rv)(1-b)(3-2b+2rv-brv)/[(2-b)^2(1+rv)^2(4-3b+2rv-brv)^2]$

记 $F_{13}=F_{14}$ 关于竞争强度 b 的边界值分别为 b_9 和 b_{10}，且 $b_9=(b_5)^2/2$，$b_{10}=(b_7)^2/2$。

引理 $7-3$　①$F_{13}>0$，$F_{14}>0$；②$b_9>1$，$0<b_{10}<0.4226$，且 b_{10} 关于 rv 减函数。

命题 $7-3$　当 $0<b<b_{10}<0.4226$，$F_{13}<F_1<F_{14}$，则 $E(M_{1tt})>E(M_{1uw})$ 且 $E[U(R_{1tt})]>E[U(R_{1uw})]$。

证明： 两条竞争供应链均采用两部定价合同与均采用批发价格合同时的制造商期望收益比较为 $E(M_{1tt})-E(M_{1uw})=F_1-F_{13}$，则当 $F_1>F_{13}$ 时，$E(M_{1tt})>E(M_{1uw})$。

由 $E(M_{1tt})-E(M_{1uw})=F_1-F_{13}$ 知，当 $F_1>F_{13}$ 时，$E(M_{1tt})>E(M_{1uw})$。

令

$f_{1tt}=a_0^2(2+rv)/[2(1+rv)^2(2-b)^2]-F_2$

$f_{1uw}=a_0^2(2+rv)/[2(4-3b+2rv-brv)^2]$

则 $E[U(R_{1tt})]=-e^{-rf_{1tt}}$，$E[U(R_{1uw})]=-e^{-rf_{1uw}}$。

由 $f_{1tt}-f_{1uw}=-F_1+F_{14}$ 知，当 $F_1<F_{14}$ 时，$f_{1tt}>f_{1uw}$，则有 $E[U(R_{1tt})]>E[U(R_{1uw})]$。

又

$F_{14}-F_{13}=2\,a_0^2(4\,r^2\,v^2+r^3\,v^3+5rv+3)(b-b_9)(b-b_{10})/[(2-b)^2(1+rv)^2(4-3b+2rv-brv)^2]$

结合引理 7-3 可知，当 $0 < b < b_{10} < 0.4226$，$F_{13} < F_{14}$，所以得到当 $0 < b < b_{10} < 0.4226$，$F_{13} < F_1 < F_{14}$，则 $E(M_{1tt}) > E(M_{1ww})$ 且 $E[U(R_{1tt})] > E[U(R_{1ww})]$。因此命题 7-3 得证。

命题 7-3 表明，若两条竞争供应链均采用相同的纵向合同，当横向价格竞争相对较弱，则制造商通过采用两部定价合同调节固定收费在 (F_{13}, F_{14}) 范围内，可使制造商绩效和零售商绩效均优于批发价格合同时的绩效，即制造商和零售商都可实现 Pareto 绩效改进的双赢。

推论 7-3 当 $1 > b > b_{10}$ 时，两部定价合同失效，无法同时改进制造商和零售商的绩效。

推论 7-3 表明，当价格竞争强度大于 b_{10} 且严重依赖于需求风险和零售商的绝对风险规避系数，无须采用两部定价合同改进制造商和零售商的绩效。该结论拓展了 McGuire & Staelin[7] 中的结论，即不管是链与链竞争的纵向合同选择还是控制结构选择，不管是需求确定还是不确定，只要两条竞争性供应链采用相同的合同或结构，则当价格竞争相对激烈时，批发价格合同对制造商更有利，而非复杂的合同或中心化结构。

7.3.4 基于绩效改进的纵向合同演化过程

引理 7-4 ① $E(M_{1tw}) > E(M_{1ww})$，$E[U(R_{1tw})] > E[U(R_{1ww})]$（根据对称性，由 $(M_{2wt}) > E(M_{2ww})$，$E[U(R_{2wt})] > E[U(R_{2ww})]$ 可得）；② $F_{22} > F_{14}$，$F_{12} > F_{14}$，$F_{13} > F_{11}$，$F_{13} > F_{21}$。

由命题 7-1 至命题 7-3，以及引理 7-4 可得如下重要命题：

命题 7-4 当 $0 < b < b_{10} < 0.4226$，$F_{13} < F < F_{14}$ 时，竞争供应链纵向合同选择的动态演变过程为 $ww \rightarrow tw/wt \rightarrow tt$，且 tt 是实现制造商和零售商绩效均改进的占优均衡合同。

证明：由命题 $7-1$ 至命题 $7-3$，以及引理 $7-4$ 知，当 $0<b<b_{10}<0.4226$ 时，固定收费区域 $(F_{13}，F_{14})$ $(F_{11}，F_{12})$，$(F_{13}，F_{14})$ $(F_{21}，F_{22})$，即当固定收费满足 $F_{13}<F<F_{14}$ 时，$E(M_{1tt})>E(M_{1ww})$ 且 $E[U(R_{1tt})]>E[U(R_{1ww})]$，$E(M_{1tw})>E(M_{1ww})$ 且 $E[U(R_{1tw})]>E[U(R_{1ww})]$，$E(M_{1tt})>E(M_{1ut})$ 且 $E[U(R_{1tt})]>E[U(R_{1ut})]$，所以竞争供应链的纵向合同选择由批发价格合同最终演化为两部定价合同，且各竞争供应链均实施两部定价合同是制造商和零售商都实现 Pareto 绩效改进的占优均衡。因此命题 $7-4$ 得证。

命题 $7-4$ 表明，当竞争性供应链的横向价格竞争相对较弱，且制造商提供两部定价合同的固定收费在适度范围内，则竞争供应链的纵向合同选择由批发价格合同最终演变为两部定价合同，且两部定价合同是实现制造商和零售商 Pareto 绩效均改进的占优均衡合同。

为了直观地观测命题 $7-4$ 的结论，取 $a_0=1$，$r=1$，$v=1$ 的情形进行数值模拟，则两部定价合同的固定收费均衡区域（即图 $7-1$ 中阴影部分）随横向价格竞争强度的加剧逐步变小，直至价格竞争强度超过一定边界值时，固定收费均衡区域消失。其演变过程如图 $7-1$ 所示。

为了直观地观测命题 $7-4$ 的结论，令 $a_0=1$，$b=0.2$，$v=1$ 的情形进行数值模拟，则两部定价合同的固定收费均衡区域（即图 $7-2$ 中的阴影部分）随零售商的绝对风险规避系数的增大而逐渐变小直至消失。其演变过程如图 $7-2$ 所示。

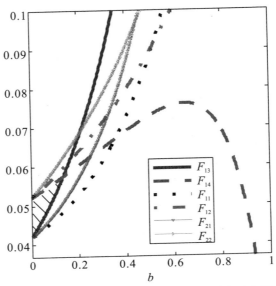

图 7-1 当 $a_0=1$，$r=1$，$v=1$ 时固定收费均衡区域与竞争强度 b 的演化

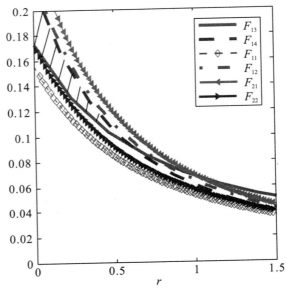

图 7-2 当 $a_0=1$，$b=0.2$，$v=1$ 时固定收费均衡区域与风险规避系数 r 的演化

为了直观地观测命题 7-4 的结论，取 $a_0=1$，$b=0.2$，$r=1$ 的情形进行数值模拟，则两部定价合同的固定收费均衡区域（即图 7-3 中的阴影部分）随市场需求风险的增大而逐渐变小，直至需求风险超过一定值时，该固定收费均衡区域消失。其演变过程如图 7-3 所示。

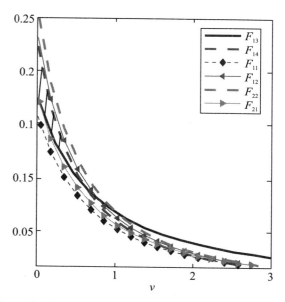

图 7-3 当 $a_0=1$，$b=0.2$，$r=1$ 时固定收费均衡区域与需求风险 v 的演化

为了直观地观测命题 7-4 的结论，取 $b=0.2$，$r=1$，$v=0.5$ 的情形进行数值模拟，则两部定价合同的固定收费均衡区域（即图 7-4 中的阴影部分）随市场平均需求的增大而逐渐增大。其演变过程如图 7-4 所示。

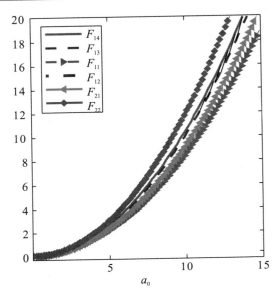

图 7—4　当 $b=0.2$，$r=1$，$v=0.5$ 时固定收费均衡区域与平均需求 a_0 的演化

由命题 7—4 可得如下推论：

推论 7—4 若市场需求波动风险 $v=0$ 或零售商的绝对风险规避因子 $r=0$，则当 $0 < b < 0.423$，且固定收费在 $(2/(4-3b)^2$，$4(1-b)(3-2b)/(2-b)^2(4-3b)^2)$ 时，竞争供应链实施两部定价合同为制造商和零售商都实现 Pareto 绩效改进的占优均衡策略。

推论 7—4 表明，若市场需求确定，则不管零售商为风险中性还是风险规避，当市场价格竞争较弱，且固定收费在适度范围内时，两部定价合同是制造商和零售商都实现 Pareto 绩效改进的占优均衡策略。

值得注意的是，若零售商为风险中性，则即使市场存在需求风险，两部定价合同为占优均衡策略的固定收费设置却不受需求风险的影响，而只取决于价格竞争强度。而由命题 7—4 可以看出，若零售商为绝对风险规避型，且市场存在需求波动风险，则两部定价合同的选择受需求风险的影响。说明零售商对风险的态度影响制造商对两部定价合同的选择，因为制造商提供两部定价合同需要保证制造商和零售商均实现 Pareto 绩效改进。

7.4　本章小结

本章针对需求不确定环境下两个风险中性制造商和两个风险规避零售商构成的链与链价格竞争模型，从制造商和零售商都实现 Pareto 改进的角度识别了两部定价合同的占优均衡及其局限性。研究结论表明：

（1）无论竞争对手供应链是否采用两部定价合同，当价格竞争强度相对较小且严重依赖于需求风险和零售商的风险规避程度时，本供应链中制造商通过采用两部定价合同并调节固定收费在适当范围内，可使制造商和零售商的绩效均优于批发价格合同时的绩效。

（2）当横向价格竞争相对较弱时，制造商通过纵向谈判调节固定收费在适当范围内，则两部定价合同可同时改进制造商和零售商双方的绩效，并形成占优均衡。此时的两部定价合同选择并不直接受需求波动风险和零售商的风险规避特性影响，而是直接受横向竞争因子的影响。但两部定价合同的固定收费设置受需求波动风险和风险规避因子及横向竞争因子的影响。另外，当价格竞争加剧时，两部定价合同失效。结合 McGuire & Staelin[7] 的结论可知，不管是基于制造商绩效改进的角度，还是制造商和零售商实现双赢的角度，不管是链与链价格竞争的控制结构选择还是纵向合同选择，不管是面临确定需求还是不确定需求，本供应链采用批发价格合同更有利于应对激烈的价格竞争。

（3）零售商对风险的态度影响制造商对两部定价合同中固定

收费的设置，即若零售商为风险中性，即使市场存在需求波动风险，固定收费均衡策略范围不受需求风险的影响，而只取决于价格竞争强度。这些结论为链与链价格竞争的纵向合同选择提供理论依据和实践参考价值。

第八章 总结与展望

8.1 主要研究结论

本书主要针对两个制造商与两个排他性零售商构成的链与链竞争模型（价格竞争/数量竞争），一方面，基于制造商的规模不经济效应识别纵向控制结构选择的博弈均衡；另一方面，考察采用复杂合同，如利润分享合同、数量折扣合同、两部定价合同、固定加价合同、收益分享合同等改善供应链成员绩效的合同选择与设计问题，识别了合同选择的博弈均衡演化特征和局限性，并分析了制造商的规模不经济、供应链间的竞争因子、零售商的风险规避因子、需求波动风险等对博弈均衡区域的影响。相关研究结论如下：

第一，基于供应链与供应链价格/数量竞争的环境，及分散化链中批发价格合同可被竞争对手观测与不可被竞争对手观测两种情形，分别考察制造商的生产存在规模不经济时竞争供应链的纵向控制结构选择，并且对比了合同可被观测与不可被观测时纵向控制结构选择的差异之处。研究结论表明：

（1）若竞争对手供应链采用中心化结构，则无论在价格竞争环境还是数量竞争环境，无论是合同可观测还是不可观测，本链制造商选择中心化结构可以带来更高的绩效，且不受横向竞争和规模不经济的影响。除此之外，在竞争供应链纵向结构选择方面，价格竞争环境下合同可观测时，制造商的纵向控制结构选择受横向竞争和规模不经济双重影响；而价格竞争环境下合同不可观测时，制造商的纵向控制结构选择仅受价格竞争的影响；数量竞争环境下制造商的纵向控制结构选择则不受规模不经济和竞争强度的影响。

（2）在价格竞争环境下批发价格合同不可观测时，当价格竞争不是太激烈，且竞争边界函数又严重依赖于规模不经济效应时，则中心化结构为占优均衡结构；当价格竞争较激烈时，则采用中心化结构会出现制造商绩效的囚徒困境。

（3）在数量竞争环境下，①无论竞争对手供应链采用何种纵向控制结构，本供应链系统采用中心化结构优于分散化结构，且不受横向竞争强度和规模不经济效应的影响；②若两条竞争供应链均采用相同的控制结构，当数量竞争相对比较激烈，且可通过技术革新改进工艺或提供管理能力等降低了生产规模不经济效应，即横向外部性超过纵向外部性，分散化结构的链条绩效高于中心化结构时的竞争供应链条绩效，该结论与传统观点不同（分散化结构绩效低于中心化结构绩效从而需要引入合同进行协调）；③若两条竞争供应链均采用相同的控制结构，当数量竞争较弱，而规模不经济效应较强，则供应链系统会剔除中间渠道商，削弱双重加价效应，直接制订终端零售价格，此时的中心化结构是实现系统绩效 Pareto 改进的占优均衡控制结构。

第二，针对纵向合同不可观测或可观测，且制造商的生产存在规模不经济时，研究链与链竞争的纵向合同选择与设计的问题。

经研究发现，①不可观测的纵向联盟与利润分享合同或者是数量折扣合同均能实现纵向协调，且在以批发价格合同为基准时改进供应链绩效的作用方面是等价的，只是分配供应链系统利润的方法不一致，即两种合同的参数设置不一样。而可观测的两部定价合同所带来的供应链整体绩效优于中心化结构，打破了传统的供应链协调标准。②无论竞争对手供应链采用何种合同（不可观测的纵向联盟与利润分享合同或者是数量折扣合同、可观测的两部定价合同或是简单的批发价格合同），本供应链采用适当的复杂合同都能改进上下游的绩效，且不受横向竞争和规模不经济与否的影响。③而若两条竞争性供应链采用相同的合同，则可观测与不可观测的合同虽然都能改进供应链上下游绩效，但其选择的边界条件，即横向竞争强度和规模不经济参数的边界条件不相同。具体相关结论如下：

首先，以批发价格合同为基准，实现上下游双赢的合同选择和设计。

（1）不管竞争对手供应链是采用复杂合同（如实施用纵向联盟与利润分享合同，或者采用数量折扣合同，或者两部定价合同）还是分散化的批发价格合同，只要本供应链通过提供适当的复杂合同，并将合同参数设置在适度范围内时，可同时实现制造商和零售商绩效的 Pareto 改进和供应链系统绩效的改进，且完全不受横向竞争和制造商规模不经济的影响。此时的利润分享比例范围随着数量竞争强度的加剧而增大，随着规模不经济程度的增强而减小；数量折扣合同的初始批发价格可设置范围则随着规模不经济程度的增强而减小。当然，若合同参数设置过高（则零售商由于分享比例过低或者批发价格过高而不愿意接受合同）或过低（则制造商没有动力提供复杂合同），则无法同时改进上下游双方的绩效。

（2）若两条竞争性供应链采用相同的合同，则无论制造商是否存在规模不经济，只要两条供应链间的竞争不激烈，制造商就有动力提供复杂合同（利润分享合同、数量折扣合同或两部定价合同）；或者产品间的竞争相对较为激烈且制造商的规模不经济程度较强，制造商在面临较强的外部性和较强的自身规模不经济性，依然愿意提供复杂合同并适当设置合同参数实现上下游双赢。同时两条竞争性供应链均采用利润分享合同或数量折扣合同是竞争供应链的最终占优均衡。

（3）若两条供应链间的数量竞争很激烈，制造商又降低了规模不经济的程度，则纵向联盟与利润分享合同、数量折扣合同以及两部定价合同均失效，结合 McGuire & Staelin[7] 的结论可知，不管是基于制造商绩效改进的角度，还是制造商和零售商双方绩效均改进的双赢角度，不管是链与链竞争的控制结构选择还是纵向合同选择，只要制造商规模不经济效应较弱，则应依然采用分散化的批发价格合同应对激烈的价格竞争。

其次，以中心化结构的直销模式为基准，采用可观测的两部定价合同实现制造商和系统绩效改进的角度：

（1）只要两部定价合同的固定收费相对较高时，则两部定价合同即可实现制造商绩效的 Pareto 改进。同时当固定收费设置非常高时，两部定价合同是实现制造商绩效改进的占优均衡。

（2）无论竞争对手是采用中心化结构的直销模式还是两部定价合同的分销模式，只要本供应链采用两部定价合同的分销授权模式，则可使供应链系统绩效高于采用直销模式的系统绩效。

所有这些研究结论充分拓展了 McGuire & Staelin[7] 等关于链与链竞争的理论研究，特别是针对竞争供应链环境下采用分销模式的规模不经济企业和直销模式的规模不经济都提供了绩效改进的可行路径。

第三，针对需求不确定和纵向约束的链与链竞争固定加价合同选择问题。

区别于确定环境下纵向合同选择与设计的研究，基于零售终端需求不确定、两条具有不同市场份额的成熟竞争供应链模型，以批发价格合同为基准，研究了纵向约束的固定加价合同改进供应链各成员绩效的条件，进行识别了固定加价合同的参数设计和纵向合同选择的博弈均衡特征，并分析了市场波动风险、市场规模、市场份额、价格竞争、零售商预测能力及固定加价比例对合同选择行为的影响，得到：

（1）当横向价格竞争相对较弱，零售商面临的市场份额又较大时，两条竞争性供应链均采用固定加价合同为实现供应链系统绩效改进的占优贝叶斯均衡；若此时固定加价的比例相对适中且市场需求波动风险不是很高，或者固定加价的比例较大但市场需求波动的风险相对适中，则固定加价合同能实现制造商和零售商双方绩效均改进的双赢，并形成占优均衡和贝叶斯均衡。

（2）若价格竞争强度相对适中，或者相对较弱且零售商的市场份额相对较小，则固定加价合同为供应链系统最终的贝叶斯均衡，但该合同会导致系统绩效的囚徒困境。

（3）若横向价格竞争加剧至较为激烈时，固定加价合同和批发价格合同均为系统角度的最终均衡。若价格竞争继续加剧至非常激烈，则两条竞争性供应链的纵向合同选择由固定加价合同演变为批发价格合同，且该批发价格合同为具有占优性质的贝叶斯均衡。

第四，针对风险规避型零售商的链与链竞争两部定价合同选择问题。

针对需求不确定环境下两个风险中性制造商和两个风险规避零售商构成的链与链价格竞争模型，从制造商和零售商都实现 Pareto 改进的角度识别了两部定价合同的占优均衡及其局限性。研究结论表明：

（1）当横向价格竞争相对较弱且严重依赖于需求风险和零售商的风险规避程度时，制造商通过纵向谈判调节固定收费在适当范围内，则两部定价合同可同时实现制造商和零售商的双赢，并形成占优均衡。此时的两部定价合同选择并不直接受需求波动风险和零售商的风险规避特性影响，而是直接受横向竞争因子的影响。但两部定价合同的固定收费设置受需求波动风险和风险规避因子及横向竞争因子的影响。另外，当价格竞争加剧时，两部定价合同失效。结合 McGuire & Staelin[7] 的结论可知，不管是基于制造商绩效改进的角度，还是制造商和零售商实现双赢的角度，不管是链与链价格竞争的控制结构选择还是纵向合同选择，不管是面临确定需求还是不确定需求，本供应链采用批发价格合同更有利于应对激烈的价格竞争。

（2）零售商对风险的态度影响制造商对两部定价合同中固定收费的设置，即若零售商为风险中性，即使市场存在需求波动风险，固定收费均衡策略范围不受需求风险的影响，而只取决于价格竞争强度。而若零售商为风险规避型，即使市场存在需求波动风险，两部定价合同的选择并不直接受需求波动风险和零售商的风险规避特性影响，但两部定价合同的设计，即固定收费的均衡策略范围受需求风险、风险规避因子及竞争强度的影响。这些研究结论也拓展了 McGuire & Staelin[7] 确定需求环境下的结论，即两条竞争性供应链采用相同的纵向合同时，不管是基于制造商绩效改进的角度，还是制造商和零售商双方绩效均改进的双赢角度，不管是链与链竞争的控制结构选择还是纵向合同选择，不管是需求确定还是需求不确定，不管零售商是风险规避型还是风险中性型，则采用批发价格合同的分散化结构（而非两部定价合同、利润分享合同或中心化结构）更有利于应对激烈的价格竞争以及较大的需求波动风险。

8.2 研究展望

本书的研究成果充分拓展了现有竞争供应链管理的理论研究，为竞争环境下的生产规模不经济企业、风险中性企业和其风险规避合作伙伴在纵向结构与合同选择方面提供了参考价值，但也存在一些不足。例如，没有结合相关企业实践案例，进行实证调研和分析。本书也没有考虑供应渠道的其他成本，如渠道中的库存持有成本及零售商的销售成本和库存成本等对纵向控制结构和合同选择的影响。这些在后续研究过程中再进行补充和完善。

另外，本书还可以从以下几个方面进行拓展：

首先，本书虽然研究了链与链竞争环境下纵向结构和合同选择的博弈均衡，但采用的是非合作博弈的研究方法，如果上下游或者横向竞争性企业进行合作博弈，则纵向合同又该如何选择与设计？

其次，供应链中的其他成本，如销售成本、库存持有成本等对纵向结构和合同选择的影响？

最后，企业现实经营中追求规模经济的生产经营，则其纵向结构如何选择，纵向合同又如何设计？

参考文献

［1］T. Boyaci, G. Gallego. Supply chain coordination in a market with customer service competition ［J］. Production and Operations Management, 2004, 13(1): 3−22.

［2］E. I. Bairam. Non-convex cost and the behavior of inventories: some disaggregate results［J］. Applied Economics Letters, 1996, 3(11):687−691.

［3］A. P. Jeuland, S. M. Shugan. Managing channel profits［J］. Marketing Science, 1983, 2(3):239−272.

［4］S. Moorthy. Managing channel profits: Comments ［J］. Marketing Science, 1987, 6(4):375−379.

［5］F. Bernstein, A. Federgruen. Decentralized supply chains with competing retailers under demand uncertainty ［J］. Management Science, 2005, 51(1):18−29.

［6］R. Spengler. Vertical integration and anti−trust policy［J］. Journal of Political Economy, 1950, 58(4):347−352.

［7］W. McGuire, R. Staelin. An industry equilibrium analysis of downstream vertical integration［J］. Marketing Science, 1983, 2(2): 161−191.

［8］A. T. Coughlan. Competition and cooperation in marketing channel choice: Theory and application ［J］. Marketing

Science,1985,4(2):110−129.

[9] K. S. Moorthy. Strategic decentralization in channels [J]. Marketing Science,1988,7(4): 335−355.

[10] M. Trivedi. Distribution channels: an extension of exclusive retailership [J]. Management Science, 1998, 44 (7): 231−246.

[11] C. Q. Wu, N. C. Petruzzi, D. Chhajed. Vertical integration with price − setting competitive newsvendors [J]. Decision Sciences,2007,38(4): 581−610.

[12] 艾兴政,唐小我.基于讨价还价能力的竞争供应链纵向结构绩效研究[J].管理工程学报,2007,21(2): 123−125.

[13] 艾兴政,唐小我,涂智寿.不确定性环境下链与链竞争的纵向控制结构绩效[J].系统工程学报,2008,23(2): 188−193.

[14] T. Xiao, D. Yang. Price and service competition of supply chains with risk−averse retailers under demand uncertainty [J]. International Journal of Production Economics, 2008, 114(1):187−200.

[15] 李娟,黄培清,顾峰,等.基于供应链间品牌竞争的库存管理策略研究[J].管理科学学报,2009,12(3): 71−76.

[16] 廖涛,艾兴政,唐小我.基于成本差异与产品替代的链与链竞争纵向结构[J].控制与决策,2009,24(7):1110−1114.

[17] 廖涛,艾兴政,唐小我.链与链基于价格和服务竞争纵向结构选择[J].控制与决策,2009,24(10):1540−1546.

[18] D. S. Wu, O. Baron, O. Berman. Bargaining in competing supply chains with uncertainty [J]. European Journal of Operational Research,2009,197(2): 548−556.

[19] D. Atkins, L. P. Liang. A note on competitive supply chains with generalised supply costs [J]. European Journal of

operational Research, 2010, 207(3):1316−1320.

[20] G. P. Cachon, P. T. Harker. Competition and outsourcing with scale economies [J]. Management Science, 2002, 48 (10):1314−1333.

[21]陈兆波,滕春贤,李永华,等.资源优化配置下的供应链竞争模型研究[J].运筹与管理,2013,22(1):97−105.

[22] D. D. Wu. Bargaining in supply chain with price and promotional effort dependent demand[J]. Mathematical and Computer Modeling, 2013, 58(9−10):1659−1669.

[23]A. Y. Ha, S. Tong, H. T. Zhang. Sharing imperfect demand information in competing supply chains with production diseconomies [J]. Management Science, 2011, 57 (3): 566−581.

[24] T. Xiao, D. Yang. Risk sharing and information revelation mechanism of a one−manufacturer and one−retailer supply chain facing an integrated competitor[J]. European Journal of Operational Research, 2009, 196(3):1076−1085.

[25] A. Y. Ha, S. L. Tong. Contracting and information sharing under supply chain competition [J]. Management Science, 2008,54(4):701−715.

[26]X. Ai, J. Cheng, J. Ma. Contracting with demand uncertainty under supply chain competition [J]. Annals of Operations Research, 2012, 201(1): 17−38.

[27]鲁其辉,朱道立.质量与价格竞争供应链的均衡与协调策略研究[J].管理科学学报,2009,12(3): 56−64.

[28]徐兵,朱道立.竞争供应链的结构和链内协调策略分析[J].运筹与管理,2008,17(5):51−57.

[29]徐兵,孙刚.需求依赖于货架展示量的供应链链间竞争与链内

协调研究[J].管理工程学报,2011,25(1):197-202.

[30]艾兴政,廖涛,唐小我.链与链竞争的充分退货政策[J].系统工程学报,2008,28(6):727-734.

[31] X. Z. Ai, J. Chen, H. X. Zhao, et al. Competition among supply chains: Implications of full returns policy [J]. International Journal of Production Economics, 2012, 139 (1): 257-265.

[32]艾兴政,马建华,唐小我.不确定环境下链与链竞争纵向联盟与收益分享[J].管理科学学报,2010,13(7):1-8.

[33] J. Chen, H. Zhang. The impact of customer returns on competing chains[J]. International Journal of Management Science and Engineering Management, 2011, 6(1): 58-70.

[34]D. Wu. Coordination of competing supply chains with news-vendor and buyback contract [J]. International Journal of Production Economics, 2013, 144(1):1-13.

[35]B. X. Li, Y. W. Zhou, J. Z. Li, et al. Contract choice game of supply chain competition at both manufacturer and retailer levels[J]. International Journal of Production Economics, 2013, 143(1):188-197.

[36]G. Cachon. Supply chain coordination with contracts[C]//S. C. Graves, A. G. Kok. Handbooks in Operations Research and Management Science: Supply Chain Management. Amsterdam: North-Holland, 2003:229-346.

[37]J. P. Monahan. A quantity discount pricing model to increase vendor profits [J]. Management Science, 1984, 30 (6): 720-726.

[38]K. Weng. Channel coordination and quantity discounts[J]. Management Science, 1995, 41(9):1509-1522.

[39] C. A. Ingene, M. E. Parry. Channel coordination when retailers compete [J]. Marketing Science, 1995, 14 (4): 360−377.

[40] M. Khouja. The newsboy problem under progressive multiple discounts [J]. European Journal of Operational Research, 1995, 84(2):458−466.

[41] M. Khouja, A. Mehrez. A multi − product constrained newsboy problem with progressive multiple discounts [J]. Computers & Industrial Engineering, 1996, 30(1):95−101.

[42] M. Khouja. The newsboy problem with multiple discounts offered by suppliers and retailers[J]. Decision Science, 1996, 27(3):589−599.

[43] M. Khouja. Optimal ordering, discounting, and pricing in the single − period problem [J]. International Journal of Production Economics, 2000, 65(2):201−216.

[44] M. Khouja. The effect of large order quantities on expected profit in the single−period model[J]. International Journal of Production economies, 2001, 72(3):227−235.

[45] C. S. Lin, D. E. Kroll. The single−item newsboy problem with dual performance measures and quantity discounts[J]. European Journal of Operational Research, 1997, 100 (3): 562−565.

[46] C. L. Munson, M. J. Rosenblatt. Coordinating a three−level supply chain with quantity discounts[J]. IIE Transactions, 2001, 33(5):371−384.

[47] 马祖军. 供应链中供需协调及数量折扣定价模型[J]. 西安交通大学学报, 2004, 39(2):185−188.

[48] L. Lal. Improving channel coordination through franchising

[J]. Marketing Science, 1990, 9(4): 299−318.

[49] A. Y. Ha. Supplier−buyer contracting: asymmetric cost in formation and cut off level policy for buyer participation[J]. Naval Research Logistics, 1997, 48(1):41−64.

[50] C. A. Ingene, M. E. Parry. Coordination and manufacturer profit maximization: The multiple retailer channel [J]. Journal Retailing, 1995, 71(2):129−151.

[51] C. A. Ingene, M. E. Parry. Manufacturer−optimal wholesale pricing when retailers compete[J]. Marketing letters, 1998, 9(1):65−77.

[52] G. P. Cachon, M. A. Lariviere. Supply chain coordination with revenue−sharing contracts: Strengths and limitations [J]. Management Science, 2005, 51(1):30−44.

[53] I. Giannoccaro, P. Pontrandolfo. Supply chain coordination by revenue sharing contracts [J]. International Journal of Production Economics, 2004, 89(2), 131−139.

[54] Y. Z. Wang, J. Li, Z. J. Shen. Channel performance under consignment contract with revenue sharing[J]. Management Science, 2004, 50(1):34−47.

[55] Y. Gerchak, R. K. Cho, S. Ray. Coordination of quantity and shelf−retention timing in the video movie rental industry [J]..IIE Transactions, 2006, 38(7):525−536.

[56] T. Xiao, D. Yang, H. Shen. Coordinating a supply chain with a quality assurance policy via a revenue−sharing contract [J]. International Journal of Production Research, 2011, 49(1): 99−120.

[57] F. Mafakheri, F. Nasiri. Revenue sharing coordination in reverse logistics [J]. Journal of Cleaner Production, 2013,

59(15):185—196.

[58] B. A. Pasternack. Optimal pricing and return policies for perishable commodities[J]. Marketing Science, 1985, 4(2): 166—176.

[59] E. Kandel. The right to return [J]. Journal of Law and Economics. 1996, 39(1):329—356.

[60] V. Padmanabhan, I. P. L. Png. Manufacturer's returns policies and retail competition[J]. Marketing Science, 1997, 16(1):81—94.

[61] H. Emmons, S. M. Gilbert. Note: The role of returns policies in pricing and inventory decisions for catalogue goods[J]. Management Science, 1998, 44(2):276—283.

[62] K. L. Donohue. Efficient supply contracts for fashion goods with forecast updating and two production modes [J]. Management Science, 2000, 46(11):1397—1411.

[63] T. A. Taylor. Channel coordination under price protection, mid—life returns, and end—of—life returns in dynamic markets[J]. Management Science, 2001, 47(9):1220—1234.

[64] A. Tsay. The quantity flexibility contract and supplier—customer incentives[J]. Management Science, 1999, 45(10): 1339—1358.

[65] C. Koulamas. A newsvendor problem with revenue sharing and channel coordination[J]. Decision Sciences, 2006, 37(1): 91—100.

[66] Z. Yao, S. C. H. Leung, K. K. Lai. Manufacturer's revenue—sharing contract and retail competition[J]. European Journal of Operational Research, 2008, 186(2): 637—651.

[67] Z. Yao, S. C. H. Leung, K. K. Lai. The effectiveness of

revenue－sharing contract to coordinate the price－setting newsvendor products' supply chain [J]. Supply Chain Management: An International Journal, 2008, 13（4）: 263－271.

[68] G. P. Cachon, A. G. Kok. Competing manufacturers in a retail supply chain: On contractual form and coordination [J]. Management Science, 2010, 56(3):571－589.

[69] K. Pan, K. K. Lai, S. C. H. Leung, et al. Revenue－sharing versus wholesale price mechanisms under different channel power structures [J]. European Journal of Operational Research, 2010, 203(2):532－538.

[70] J. Raju, Z. J. Zhang. Channel coordination in the presence of a dominant retailer [J]. Marketing Science, 2005, 24（2）: 254－262.

[71] H. L. Lee, M. J. Rosenblatt. A generalized quantity discount pricing model to suppliers profits [J]. Management Science, 1986, 32(9):1177－1185.

[72] A. Iyer, M. Bergen. Quick response in manufacturer－retailer channels [J]. Management Science, 1997, 43(4):559－570.

[73] 邵晓峰, 黄培清, 季建华. 供应链中供需双方合作批量模型的研究 [J]. 管理工程学报, 2001, 15(2):54－58.

[74] T. A. Taylor. Supply chain coordination under Channel rebates with sales effort effects [J]. Management Science, 2002, 48(8):992－1007.

[75] 孙会君, 高自友. 基于差分的数量折扣条件下订货策略优化模型 [J]. 管理科学学报, 2004, 7(2):18－21.

[76] 谢庆华, 黄培清. Internet 环境下混合市场渠道协调的数量折扣模型 [J]. 系统工程理论与实践, 2007, 27(8):1－11.

[77] A. T. Tassy. Channel coordination under Price protection, midlife returns, and end-of-life returns in dynamic market [J]. Management Science, 2001, 41(4):1220-1234.

[78] Y. Gerchak, Y. Wang. Revenue-sharing vs. wholesale-price contracts in assembly system with random demand [J]. Production and Operations Management, 2004, 13 (1): 23-33.

[79] S. Luo, M. Çakanyildirim. Pricing and production games under revenue sharing and information updates [J]. Journal of Revenue and Pricing Management, 2005, 4(3): 270-301.

[80] J. A. A. Van der veen, V. Venugopal. Using revenue sharing to create win-win in the video rental supply chain [J]. Journal of the Operational Research Society, 2005, 56 (7): 757-762.

[81] B. Pasternack. The capacitated newsboy problem with revenue sharing [J]. Journal of Applied Mathematics and Decision Sciences, 2001, 5(1):21-33.

[82] G. Cai. Channel Selection and Coordination in Dual-Channel Supply Chains[J]. Journal of Retailing, 2010, 86(1):22-36.

[83] G. Xu, B. Dan, X. Zhang, C. Liu. Coordinating a dual-channel supply chain with risk-averse under a two-way revenue sharing contract [J]. International Journal of Production Economics, 2014, 147(Part A):171-179.

[84] A. Mollick. Production smoothing in the Japanese vehicle industry[J]. International Journal of Production Economics, 2004, 91(1):63-74.

[85] G. Griffin. The process analysis alternative to statistical cost functions: An application to petroleum refining [J]. The

American Economic Review,1972,62(3):46—56.

[86] R. D. Banker, C. F. Kemerer. Scale economies in new software development [J]. IEEE Transactions on Software Engineering,1989,15(10):1199—1205.

[87] T. R. Zenger. Explaining organizational diseconomies of scale in R&-D: Agency problems and the allocation of engineering talent, Ideas, and effort by firm size [J]. Management Science,1994,40(6):708—729.

[88] H. D. Dixon. Inefficient diversification in multi — market oligopoly with diseconomies of scope[J]. Economica, 1994, 61(242):213—219.

[89] A. Alvarez, C. Arias. Diseconomies of size with fixed managerial ability [J]. American Journal of Agricultural Economics,2003,85(1):134—142.

[90] M. S. Eichenbaum. Some empirical evidence on the production level and production cost smoothing models of inventory investment[J]. The American Economic Review, 1989,79(4):853—864.

[91] E. T. G. Wang, A. Seidmann. Electronic data interchange: Competitive externalities and strategic implementation policies[J]. Management Science,1995,41(3):401—418.

[92] K. S. Anand, H. Mendelson. Information and organization for horizontal multimarket coordination [J]. Management Science,1997,43(12):1609—1627.

[93] B. Holmstrom, P. Milgrom. Aggregation and linearity in the provision of inter temporal incentives [J]. Econometrica, 1987,55(2):303—328.

[94] X. Gan, S. P. Sethi, H. Yan. Channel coordination with a

risk—neutral supplier and a downside—risk—averse retailer [J]. Production and Operations Management, 2005, 14(1): 80—89.

[95] X. Gan, S. P. Sethi, H. Yan. Coordination of supply chains with risk — averse agents [J]. Production and Operations Management, 2004, 13(2): 135—149.

[96] H. S. Lau, A. H. L. Lau. Manufacturer's pricing strategy and return policy for a single—period commodity [J]. European Journal of Operational Research, 1999, 116(2):291—304.

[97] V. Agrawal, S. Seshadri. Risk intermediation in supply chains[J]. IIE Transactions, 2000, 32(9):819—831.

[98] V. Agrawal, S. Seshadri. Impact of uncertainty and risk aversion on price and order quantity in the newsvendor problem [J]. Manufacturing & Service Operations Management, 2000, 2(4):410—423.

[99] A. A. Tsay. Risk sensitivity in distribution channel partnerships: Implications for manufacturer return policies [J]. Journal of Retailing, 2002, 78(2):147—160.

[100] 沈厚才,徐进,庞湛.损失规避偏好下的定制采购决策分析 [J].管理科学学报,2004,7(6):37—45.

[101] 索寒生,储洪胜,金以慧.带有风险规避型销商的供需链协调 [J].控制与决策,2004,19(9): 1042—1049.

[102] C. X. Wang, S. Webster. Channel coordination for a supply chain with a risk—neutral manufacturer and a loss—averse retailer[J]. Decision Science, 2007, 38(3): 361—389.

[103] 叶飞.含风险规避者的供应链收益共享契约机制研究[J].工业工程与管理,2006,11(4):50—53.

[104] 姚忠.风险约束下退货合同对供应链的协调性分析[J].管理

科学学报,2008,11(3):96−105.

[105]叶飞,林强.风险规避型供应链的收益共享机制研究[J].管理工程学报,2012,26(1):113−118.

[106]T. Xiao, Y. Xia, G. P. Zhang. Strategic outsourcing decisions for manufacturers that produce partially substitutable products in a quantity − setting duopoly situation [J]. Decision Sciences,2007,38(1): 81−106.

[107] Y. Liu, M. J. Fry, A. S. Raturi. Vertically Restrictive Pricing in Supply Chains with Price−Dependent Demand [J]. Naval Research Logistics,2006,53(6):485−501.

[108] K. B. Monroe. Pricing: Making Profitable Decisions[M]. 2nd ed. New York: McGraw−Hill Publisher Company,1990.

[109]P. Kanavos, U. Reinhardt. Reference pricing for drugs: Is it compatible with U. S. health care? [J]. Health Affairs, 2003,22(3):16−30.

[110] R. C. Feenstra, M. D. Shapiro. Scanner Data and Price Indexes[M].Chicago: University of Chicago Press,2003.

[111] W. Xiao. The Competitive and Welfare Effects of New Product Introduction: The Case of Crystal Pepsi [R]. Baltimore MD: Johns Hopkins University,2008.

[112] P. Rey, J. Tirole. The logic of vertical restraints [J]. American Economic Review,1986,76(5):921−939.

[113] E. Gal − Or. Exclusionary equilibrium in health − care markets [J]. Journal of Economics and Management Strategy,1997,6(1):5−43.

[114] C. A. Ma. Option contracts and vertical foreclosure [J]. Journal of Economics and Management Strategy, 1997, 6(4):725−753.

[115] R. Deneckerey, H. P. Marvelz, J. Peckz. Demand uncertainty, inventories, and resale price maintenance[J]. The Quarterly Journal of Economics, 1996, 111 (3): 885−913.

[116] P. Rey, J. Stiglitz. Vertical restraints and producers' competition[J]. European Economic Review, 1988, 32(2−3):561−568.

[117] J. S. Raju, A. Roy. Market information and firm performance [J]. Management Science, 2000, 46 (8): 1075−1084.

[118] K. Matsui. Returns policy, new model introduction, and consumer welfare[J]. International Journal of Production Economics, 2010, 124(2): 299−309.